Margit Helga Anna Bauszus

Kriegstagebuch einer Berliner Göre von 1943 bis 1945

– ergänzt aus meinen Erinnerungen –

agenda

Margit Helga Anna Bauszus

Kriegstagebuch einer Berliner Göre von 1943 bis 1945

– ergänzt aus meinen Erinnerungen –

agenda Verlag
Münster
2019

Bibliografische Information der Deutschen Nationalbibliothek
Die Deutsche Nationalbibliothek verzeichnet diese Publikation
in der Deutschen Nationalbibliografie; detaillierte bibliografische
Daten sind im Internet über http://dnb.dnb.de abrufbar.

© 2019 agenda Verlag GmbH & Co. KG
Drubbel 4, D-48143 Münster
Tel. +49-(0)251-799610
info@agenda.de, www.agenda.de

Druck und Bindung: TOTEM, Inowroclaw, Polen

ISBN 978-3-89688-646-0

Meiner Mutter Gertrud gewidmet.

Aufgenommen am 15.08.1946

Berlin-Kreuzberg, zwei Uhr nachts. Voralarm! Dreimal hallt der gleichmäßige Sirenenton durch die verdunkelte Stadt. Gespenstisch hohl dringt er in die Häuser und peitscht ihre Bewohner aus dem Schlaf.

Mutter schreckt aus leichtem Schlummer. Sie hatte sich angekleidet auf das Bett gelegt, um schneller auf den unerwünschten nächtlichen Besuch reagieren zu können. Blass ist ihr Gesicht und die grauen Augen sind vor Übermüdung rotgerändert. Sie stellt das Radio an: „Starke feindliche Kampfverbände überfliegen den Raum Hannover-Braunschweig im Anflug auf die Reichshauptstadt."

„Helga, steh' auf und hilf dem Frieder!" Mutter versucht das zwölfjährige Mädchen, nämlich mich, wach zu rütteln. Ich ziehe mir das Deckbett über den Kopf: „Lass' mich! Vielleicht drehen sie noch ab." – „Wo sollen die denn sonst hinfliegen? Steh' auf!" – Der siebenjährige Frieder heult leise vor sich hin, weil er es schwer hat, in seine Hosen zu finden. – „Wenn du jetzt nicht aufstehst, kriegste ein paar hinter die Ohren!" – „Ach, mir ist alles egal, ich will mich endlich einmal ausschlafen!" – „Meinst du, ich nicht?" seufzt Mutter.

Die Sirenen setzen heulend mit dem nervenzerfetzenden, an- und abschwellenden Vollalarmton ein. Wir Kinder zittern beim Anziehen nicht nur vor Kälte und Übermüdung, sondern sind jedes Mal wieder tief erschrocken. Die Wohnung ist kalt, das Feuer im Kachelofen längst erloschen. Mutter hat den kleinen Jörg aus seinem Bettchen geholt und gerade in den weich ausgepolsterten Wäschekorb gelegt, als auch schon der Luftschutzwart Herr Heinzmann an die Tür klopft: „Beeilung! Reichen Sie mir schnell den Kleenen raus!"

Ich greife automatisch nach dem handlichen, dunkelroten Lederkoffer, der Familienurkunden, Versicherungspolicen, Fotografien, Sparbücher, etwas Tafelsilber und Muttis Schmuck enthält, und folge dem Wäschekorb, der bedenklich schwankt. Mutter zerrt Frieder hinter sich die Treppe hinab. Die Wohnungstür muss offenbleiben, damit im Falle eines Brandes ein Löschtrupp in die Räume kann. „Vorsicht mit dem Baby, Herr Heinzmann", ruft Mutter. „Mein Gott, der Mann ist schon wieder angetrunken", fügt sie murmelnd hinzu.

Der Luftschutzkeller, der unter dem vierstöckigen Berliner Mietshaus liegt, ist der ehemalige Kohlenkeller, der nicht einmal eine Tür hat. Ein alter Teppich hängt vor dem Eingang, Wasser- und Gasrohre laufen hindurch. Wenn Papa Heimaturlaub hat, stellt er sich bei Alarm immer in den Hauseingang. Er sagt, der Keller sei die reinste Todesfalle. Heute ist Hauptmann Dühring, 2. Stock rechts, als Fronturlauber anwesend. Der Zweimetermann, der Papas engster Freund ist, hat seine jüngste Tochter auf dem Arm und steht sprungbereit am Kellerausgang. Als die Flakgeschütze loslegen und die Flugzeugmotoren zu hören sind, sagt er: „Junge, Junge, solche Angst habe ich an der Front noch nie gehabt! Man sitzt in der Falle und kann sich nicht wehren."

Plötzlich fängt Frieder eine Art Veitstanz an. Ich will ihn beruhigen, aber er heult: „Die Hose kneift so, ich kann mich nicht richtig bewegen!" – „Lass' mal sehen! Ach du meine Güte, Mama, der hat sich sein Untertrikot falsch herum angezogen. Er ist mit den Beinen in die Ärmel gefahren." Mutter nimmt ihn in die Arme: „Komm', Junge, wir ziehen dich richtig an!"

Klaus, der drollige Zweijährige der Portiersfrau, stellt sich in Positur, hebt lauschend einen Zeigefinger: „England ssießt, bumm, bumm!"

In Decken gewickelt frieren alle, keiner kann schlafen in dem kalten Kellerloch, das mit überzähligen Sitzmöbeln der Hausbewohner ausgestattet ist. Manchmal geht kurz das Licht aus, Detonationen lassen alle zusammenzucken.

Entwarnung! Wir sind auch diesmal wieder davongekommen.

„Mama, darf ich vor die Tür und Granatsplitter suchen?" – „Nein, du kommst gleich mit nach oben!" Ich bettele: „Ach, bloß vor unserer Haustür. Onkel Dühring ist dabei. Er hat eine Taschenlampe." Mutter lässt sich breitschlagen: „Aber bleibe in der Nähe, denk' an die Blindgänger!" Ich finde ein etwa fünfzehn Zentimeter langes, scharf gezacktes Stück einer Flakgranate, zeige es später stolz meinem Bruder und lege mich wieder schlafen.

Anfangs hatte der Bombenkrieg noch eine, wenn auch makabre sportliche Nuance, er war eine Art Russisch Roulette.

Als die Nachtangriffe fast täglich stattfanden, bekam meine Mutter Gertrud Borchert mit ihren drei Kindern vier Betten im Hochbunker Fichtestraße in Berlin SW61 zugeteilt. Die Familie machte sich nun jeden Abend nach dem Abendessen gegen 18 Uhr mit dem Kinderwagen auf den Fußweg von etwa 40 Minuten zu ihrem Schlafplatz und kehrte am nächsten Morgen gegen 9 Uhr ausgeschlafen nach Hause zurück, immer fürchtend, vor einem Trümmerhaufen zu stehen.

Der Bunker war ein ehemaliger mit Beton bombensicher gemachter Gasometer. Die Schlafkabinen waren in einem Innenkreis und einem größeren Außenkreis in den runden Bau eingefügt. Der Bunker war fensterlos und künstlich belüftet. Er hatte mehrere Stockwerke, wir waren im obersten in einer Kabine des Außenkreises untergebracht. Jede Kabine hatte sechs Metallbetten, immer drei übereinander, die im rechten Winkel angeordnet waren und eine Längs- und eine Querwand füllten. Vor den beiden unteren Betten stand ein hölzerner Hocker. Vor jedem der oberen Betten war ein Netz gespannt, damit die Kinder nicht herausfallen konnten. Ein schmaler Gang und eine Ecke für etwas Gepäck blieben übrig. Ein Brett oben an der freien Längswand diente als Ablage von Kleinigkeiten, vor allem von Kerzen und Streichhölzern, wenn das Licht kurzzeitig ausfiel oder Stromsperre war. Wir teilten die Kabine mit einer jungen Frau und ihren beiden kleinen Töchtern. Sie hatten nur zwei Betten zugewiesen bekommen, da die Babys reichlich in einem der mittleren Betten Platz hatten. Auch meine Brüder krochen in dem Bett zusammen, das über dem meiner Mutter lag. Ich schlief darüber in der dritten Etage, und zwar so dicht unter der niedrigen Decke, dass ich mich nicht hinsetzen konnte. Das verursachte anfangs in mir das beklemmende Gefühl, lebendig begraben zu sein.

Bei Alarm wurde der Bunker auch für die Umwohnenden geöffnet, die dann in allen Vorräumen und Gängen auf ihrem Luftschutzgepäck saßen. Ein Koffer war erlaubt. Wir Kabineninsassen mussten unsere Türen geschlossen halten, also auf unseren Betten liegen. Wenn der Bunker von Luftminen oder Bomben getroffen wurde, schwankte er merklich und ein Geprassel wie Steinschlag oder schwerer Hagel wurde hörbar. Wenn kein Fliegeralarm war, konnten wir Kinder in den Gängen gut Verstecken und Einkriegezeck spielen. Die Kleinen mussten dann bald ins Bett; wir größeren durften im gemeinsamen Vorraum mit den Müttern zusammensitzen, bis um 22 Uhr das Licht zentral ausgeschaltet wurde. Wir lasen, spielten Mensch-ärgere-dich-nicht oder machten Handarbeiten. Ich lauschte gern den Gesprächen der Frauen. Eine von ihnen schwärmte oft von New York. Dort war sie verheiratet gewesen. Während der Olympiade 1936 war sie nach Berlin gekommen und hatte bei der Gelegenheit auch Verwandte besucht. Sie begegnete einem schneidigen Luftwaffenoffizier, der ihre große Liebe wurde. Nach ihrer Scheidung kam sie mit ihrer Tochter Anne nach Deutschland, heiratete, bekam drei weitere Kinder, zitterte jetzt um ihren geliebten Krieger und sprach schief lächelnd von der Ironie des Schicksals, wenn sie jetzt vor amerikanischen Fliegerbomben weglaufen musste. Anne, die in meinem Alter war, wurde meine enge, von mir sehr bewunderte Bunkerfreundin. Alle Mütter hatten zu flicken, zu stopfen und zu nähen, und zwar nach der Devise „aus alt mach' neu". Kleider aus zweierlei Stoff kamen in Mode. Man besprach Schnitt- und Strickmuster und tauschte Kochrezepte aus, die mit sparsamen Zutaten auskamen. Vor allem aber teilten sich die Frauen ihre Sorgen um ihre Männer mit und sprachen sich gegenseitig Mut zu. Die Feldpostbriefe wurden ganz oder teilweise vorgelesen. Wenn sie zu lange ausblieben, wurde getröstet, gehofft und nach Gründen für den Verzug gesucht: Verlegung des Truppenteils, Geheimauftrag, Postsperre. Nur wenn der letzte Brief auf den Tisch gelegt wurde, versagte jeder Zuspruch: In treuer Pflichterfüllung …für Führer, Volk und Vaterland …. gefallen auf dem Felde der Ehre. Dann ging die Frau wortlos in ihre Kabine und legte sich zu ihren vaterlosen Kindern.

Wenn ich mich heute frage, wie ich damals als Kind diese absurden, grausamen Verhältnisse erlebt habe, so weiß ich nur zu sagen, dass jeder Tag unsere Aufmerksamkeit forderte, er seine Nöte,

Ängste und Entbehrungen, seine Scherze und Albernheiten hatte. Die Alltäglichkeiten zerstückeln die Weltgeschichte, die man als Erwachsener kaum überblickt, geschweige denn als Kind.

Jeden Abend machte der verantwortliche Leiter einmal forschen Schrittes seinen Rundgang durch den Bunker. Er war ein kleiner, drahtiger Glatzkopf mit Parteiabzeichen und blanken Schaftstiefeln, sonst aber in Zivil. Er genoss es, sich vor so vielen jungen Frauen zu spreizen. Ich hörte manche spöttische Bemerkung über ihn, denn der kleine Hahn krähte nicht nur, er war wohl auch bereit, sich wie ein Gockel auf dem Hühnerhof zu benehmen. Es liefen so verschiedene Gerüchte um über geglückte und mehr noch über missglückte Abenteuer.

Unter den Frauen, die abends mit uns zusammensaßen, war Uschi, eine hübsche, junge Frau mit zwei Babys, einem süßen Zwillingspärchen. Uschi war immer fröhlich und schrecklich verliebt in ihren Mann, der als Jagdflieger um Berlin im Einsatz war. Eines Abends kündigte Uschi an, dass sie am Wochenende zu Hause schlafen wolle, da ihre Eltern Silberhochzeit hätten und ihr Mann auf Urlaub käme. Sie wollten eine richtige Familienfeier machen. Uschi kam nie wieder. Eine Luftmine traf ihr Haus und tötete die ganze Familie und alle Hausbewohner.

Die Lage Berlins wurde immer gefährlicher. Die Schulen wurden in bombensichere Gegenden verlegt. Diese Maßnahme nannte sich Kinderlandverschickung (KLV).

Tagebucheintragung vom 23. Dezember 1943

Also nun muss ich doch ins KLV-Lager. Meine Schule ist ja schon seit ungefähr drei Monaten da, aber Mutti wollte mich nicht weglassen. Sie sagte, was soll denn Helga alleine machen, wenn wir anderen tot sind. Wir wollten erst alle nach Wittstock zu Tante Wanda. Die ist mit dem kleinen Berti allein; denn Muttis Bruder Bertold ist bei der Artillerie vor Leningrad. Wanda wohnt in Muttis Elternhaus, aber sie wollte uns vier nicht aufnehmen, auch mich alleine nicht. Ich wäre gerne dort in die Schule gegangen und hätte bestimmt nicht viel Arbeit gemacht, sondern ihr geholfen, wie ich es immer getan habe, wenn ich in den Ferien für ein paar Tage da war.

Wir versuchten es dann in Neuruppin bei Papas Verwandten, aber da gefiel es Mutti gar nicht. Sie konnte sich nicht auf die redseligen und neugierigen Schwestern meines Vaters und ihren zahlreichen Anhang einstellen. Dabei hatten wir die ganze großelterliche Wohnung zur Verfügung. Opa war vor drei Jahren gestorben, und Oma wohnte im Nebenhaus bei ihrer ältesten Tochter Emma. Nur tagsüber saß sie bei uns in ihrem Lehnstuhl am Fenster mit Blick auf den großen Nussbaum im Hof, von dem Papa als Junge schon die Nüsse heruntergeschlagen hatte. Ich fühlte mich sehr wohl dort. Vor allem wohl auch, weil ich zum ersten Mal in meinem Leben ein eigenes Zimmer hatte. Es war winzig. Links von der Tür stand ein kurzes Bett, das bis zur gegenüberliegenden Fensterwand reichte. Rechts von der Tür befand sich ein altes Stehpult mit hochklappbarer Schreibplatte, das längst vergessene Schriftstücke enthielt, zum Beispiel Gedichte, die mein Onkel Herrmann schrieb, hoffnungsvoll und glaubenstreu, bevor sein Leben zu Ende war, ehe es richtig begonnen hatte. Ein ausrangierter Küchenstuhl unter dem Fenster vervollständigte das Mobiliar. Da mein Kämmerchen von dem allgemeinen Hausflur abging, besaß ich einen eigenen Schlüssel und die alleinige Schlüsselgewalt darüber. Ich fühlte mich seltsam geborgen in diesem Raum. Es störte mich wenig, dass er abends nur mit einer Kerze zu beleuchten war. Die übrige Wohnung hatte auch noch keine Elektrizität, sondern Gaslicht. Lästiger war eher, dass das darüberliegende Dach nicht ganz dicht war, und ich bei Regen mit zwei Schüsseln im Bett schlafen musste. Das melodische Tröpfeln wirkte einschläfernd, nur der Gedanke, dass die Schüsseln überlaufen könnten, hielt mich wach. Aber so ein Platzregen kam ja selten vor. Es ging immer gut. Um gar keinen Preis hätte ich dieses Asyl aufgegeben.

Die alte Oma in ihrem Lehnstuhl war mir lieb. Sie sagte fast nie etwas. Sie hatte ein kleines, spitzes Gesicht, keine Zähne und so viele Falten, dass man gar nicht sehen konnte, ob sie lächelte oder traurig war. Ihre schütteren Haare waren zu einem kleinen Dutt am Hinterkopf zusammengefasst. Ihre gichtigen Hände lagen auf der Bibel, die sie im Schoß hielt, oder strickten Strümpfe. Mir hat sie auch ein Paar Söckchen gestrickt. Ich habe mich öfter zu ihr gesetzt. Ich strickte mir gerade den ersten Pullover. Eine Nachbarin zeigte mir, wie ich den Ärmel machen musste. Ich fühlte mich glücklich und friedlich, wenn ich bei Oma saß. Dabei haben wir nichts gesprochen. Ich wusste, dass Oma ein ziemlich schweres Leben hatte. Sieben Kinder hat sie geboren: Wilhelm, den Tischlermeister in Gnewikow, den ich nie kennenlernte; Marie, die schon als kleines Mädchen starb; dann Herrmann, der der ganze Stolz seines Vaters war, weil er Pfarrer werden wollte. Er fiel im ersten Weltkrieg in Flandern. Danach Emma, dreimal verheiratet, sie hat zwei Töchter aus erster Ehe und war während der Weimarer Republik Reichstagsabgeordnete; sodann Robert, der sich als junger Mann im Holzstall unter dem Nussbaum beim Gewehrreinigen erschossen hatte. Unfall oder Selbstmord? Oma hat ihn jedenfalls gefunden. Sodann Frieda, die gegen den Willen ihres Vaters einen Adligen heiratete, der sich als hoffnungsloser Trinker und Spieler entpuppte, und die mit ihrem kleinen Sohn Günter reumütig ins Elternhaus zurückkehrte und sich schließlich mit einem Otto Schulz als zweitem Ehemann begnügte. Paul, mein Papa, ist Omas Jüngster. Oma wird jetzt von ihren Töchtern Emma und Frieda herumkommandiert, nachdem sie deren Kinder auch noch großgezogen hatte. Statt sie richtig lieb zu haben, tun sie so, als wüsste Oma im Leben überhaupt nicht Bescheid. Darum sagt sie nichts mehr, glaube ich. Ich wäre so gerne in Neuruppin geblieben. Und nicht nur, weil es dort keinen richtigen Fliegeralarm gab, sondern nur Voralarm, wenn die Bomberverbände über uns hinweg nach Berlin flogen.

Soviel zu unseren Evakuierungsversuchen. Nun sind wir jedenfalls wieder in Berlin, haben auch unsere Bunkerplätze noch, und ich muss ins KLV-Lager. Ich habe jetzt schon Heimweh und bin noch gar nicht weg.

Weihnachten soll jedenfalls noch schön werden. Ich habe seidene Strümpfe bekommen, richtige Frauenstrümpfe. Endlich bin ich die langen Kratzdinger los, die ich nicht aushalten konnte, vor allem dann nicht, wenn sie frischgewaschen und noch klamm waren. Da war mehr Holz als Wolle drin. Meine Zöpfe würde ich mir am liebsten auch abschneiden lassen, aber Mama erlaubt es nicht. Ich sähe jetzt immer so glatt und ordentlich aus, meint sie, und das wäre dann vorbei. Im KLV-Lager haben bestimmt alle Dauerwellen, und ich lasse mich auslachen.

Als Weihnachtsgeschenk habe ich für Papa eine Buchhülle genäht und bestickt, für Mutti ein paar Topflappen gehäkelt. Für Frieder habe ich mir eine Geschichte ausgedacht, aufgeschrieben und Bilder dazu gemalt. Sie heißt ‚Die Pierratze kommt' und ist ein Gruselmärchen.

Etwas sehr Wichtiges ist noch passiert. Onkel Richard, der verwundet worden war und nach dem Lazarettaufenthalt noch ein paar Tage Genesungsurlaub hatte, besuchte uns für einen Tag. Er kam aus Quedlinburg, wo er mit Tante Anni und dem kleinen Klaus wohnt, um über Berlin an die Ostfront/Südabschnitt zurückzukehren. Er hätte noch gar nicht gemusst, aber er ist Kompanieführer und wollte zu seinen Kameraden zurück. Mutti sagt, er denkt immer, ohne ihn geht es nicht. Er hätte lieber so lange wie möglich bei seiner kleinen Familie bleiben sollen. Er war so fröhlich wie immer. Er fragte mich, ob ich noch an den Weihnachtsmann glauben würde. Natürlich sagte ich ‚nein'! Da erzählte er mir, dass er sich früher in Wittstock, wenn wir zusammen Weihnachten feierten, immer als Weihnachtsmann verkleidet habe. Schlagartig wurde mir klar, warum er aus Angst vor Knecht Ruprecht immer so gezittert hatte und sich im Schlafzimmer unter dem Bett verstecken musste, weil er so ein unartiger Junge gewesen sei und die Rute fürchtete. Ich lachte ihn damals aus; dabei hatte er mich angeführt.

Tagebucheintragung vom 2. Januar 1944

Weihnachten ist vorbei und Neujahr auch. Am Silvesterabend sind wir alle im tiefen Schnee zur Kirche am Garde-Pionier-Platz gelaufen. Die Kirche war überfüllt. Wir sangen viele alte Lieder, die eigentlich gar nichts mit dem Jahreswechsel zu tun hatten: ,Aus tiefer Not schrei ich zu dir' und ,So nimm denn meine Hände und führe mich'. Viele Leute weinten, manchmal ging es wie ein großes Aufschluchzen durch die Kirche.

Mutti und wir Kinder gingen anschließend zum Schlafen in den Bunker. Papa brachte uns hin und musste anschließend alleine nach Hause gehen. Bis 5. Januar hat er noch Urlaub. In dieser Zeit will er mich ins KLV-Lager bringen. Meine Sachen sind gepackt: Federbetten, Akkordeon, Bücher. Es ist eine schwere Kiste voll.

Ich erinnere mich sehr deutlich daran, wie Papa mich ins KLV-Lager brachte. In einem überfüllten Fronturlauberzug fuhren wir vom Schlesischen Bahnhof gen Osten: Frankfurt/Oder, Posen, Hohensalza und mit einer Kleinbahn nach Pakosch, einem überwiegend von Polen bewohnten Ort. Die deutsche Minderheit war durch volksdeutsche Umsiedler aus dem Schwarzmeergebiet - unter der Devise: Heim ins Reich! – und durch die Berliner Mädchenschule vergrößert worden.

Pakosch war ein Kaff, wie der Berliner so sagt. Leicht verstört hielt ich mich an dem Luftwaffendolch meines Vaters fest, als wir uns zur ehemaligen polnischen Schule durchfragten, in der die Berliner Mädchen untergebracht waren. Die öde, platte Winterlandschaft, der scharfe Wind, die schiefen, kleinen Häuser, die vermummten Gestalten, die uns teilweise scheu auswichen, alles war fremd und angsterregend.

Wir meldeten uns beim Rektor und holten dann mit einem Handwagen meine Kiste vom Bahnhof, die wir als Begleitgepäck aufgegeben hatten. Ich bekam meinen Schlafsaal zugewiesen. Dann durfte ich mit Papa noch einmal vor die Tür, um mich von ihm zu verabschieden. Er nahm mich einfach auf einen Rundgang durch den Ort mit. In der Apotheke am kopfsteinpflastrigen Marktplatz lehnte ich mich blass und schwindlig gegen eine Glasvitrine, die klirrend zu Boden stürzte. An der Reaktion von Papa erkannte ich erst richtig, was hier vor sich ging; denn er fand kein hartes Wort, er bezahlte stillschweigend den Schaden und hielt seine Tochter behutsam im Arm, die ihre Not zu verbergen suchte, die dennoch in den weit aufgerissenen Augen und zuckenden Lippen zu lesen war. Kurz darauf vor dem Schultor war es ein fürchterlicher Abschied, vielleicht für ewig. Ich blieb in dem gottverlassenen Nest, in dem ich nichts zu suchen hatte, und er entfernte sich mit unbekanntem Ziel in irgendeine Ecke Europas, in der er ebenfalls nichts zu suchen hatte.

Als ich ihn nicht mehr sehen konnte, wandte ich mich zaghaft der unausweichlichen Gegenwart zu. Ich meldete mich bei Fräulein Drieger, die in ihrer kühlen Art keinerlei tröstende oder ermutigende Anmerkungen machte, sondern einen Raum aufschloss, der mit Stroh gefüllt war. Sie gab mir einen Sack, den ich zu stopfen hatte. Ich hörte von ihr, dass es erst seit kurzem Holzbettstellen gäbe, dass man vorher auf Strohschütten auf dem Boden geschlafen habe. Ich als Nachzüglerin habe mich um die schwierigen Anfänge herumgedrückt.

Im Schlafsaal war sehr beschränkt Platz für vierundzwanzig Mädchen in doppelstöckigen, rohen Holzbetten. Ich zerrte mühsam den Strohsack in das einzige noch freie Oberbett, holte Federbett und Bettwäsche aus meiner Holzkiste. Die Hälfte eines blechernen Militärspindes nahm meine Kleidung auf. Ich machte mich mit Tages- und Essraum bekannt, wo ich ein Fach für meine Bücher und sonstigen Schulsachen zugeteilt bekam. Befremdlich und feindselig wirkte der nur auf Kaltwasser eingerichtete Waschraum mit seinen langen Steintrögen. Am ekelhaftesten war aber die große Holzbude mit den Toilettengruben auf dem trostlosen Schulhof, wo man ohne Zwischenwände in Reih und Glied seine notwendigen Geschäfte zu erledigen hatte. Im Hause gab es nur eine Toilette, die für die Lehrer reserviert war. Nur nachts stand sie den Schülern offen, weil die im

Dunkeln das Haus nicht verlassen durften und außerdem die Gefahr bestanden hätte, dass sie vielleicht schlaftrunken in eine der Gruben gefallen wären.

Am Ende dieses ereignisreichen Tages nahm ich zum ersten Male am abendlichen Fahnenappell teil. Auf dem Schulhof an festgelegten Plätzen versammelten sich die Schülerinnen klassenweise im Karree um den Fahnenmast. Die unserer Schule zugeteilten BDM-Führerinnen waren für die parteipolitische Organisation zuständig. Dazu gehörten nicht nur die Ausgestaltung des Morgen- und Abendappells, sondern auch die Sorge für Sauberkeit und Ordnung außerhalb des Schulunterrichtes, also die Einteilung und Überwachung des Stuben- und Küchendienstes, Kontrolle der Schränke und des exakten Bettenbaues. Reihum war jede von uns MvD, das heißt ‚Mädel vom Dienst‘, und war für diesen Tag verantwortlich für Ordnung und Sauberkeit in ihrem Zimmer und musste der BDM-Führerin, die jeden Morgen die Zimmer kontrollierte, in militärischer Kürze und strammer Haltung Meldung machen: ‚Zimmer 4 mit 24 Mädel angetreten‘. Die anderen standen in Habachtstellung neben ihren Bettstellen. Es wurden schlecht gemachte Betten eingerissen, unordentliche Wäschestapel, die nicht Kante auf Kante lagen, aus den Schränken geworfen, schlecht geputzte Schuhe moniert. Auf gründliches Staubwischen und Reinigen des Fußbodens wurde besonders geachtet. Beim feierlichen Morgenappell auf dem Schulhof wurde ein kämpferisches Marschlied gesungen. Zum Beispiel: ‚Auf hebt unsre Fahnen in den frischen Morgenwind, lasst sie wehen und mahnen, die die müßig sind...‘ Rex sprach ein paar wohltönende Worte über den Schicksalskampf des deutschen Volkes; dann zogen zwei Mädchen, die neben dem Fahnenmast strammstanden, auf den Befehl: ‚Hisst Fahne!‘ dieselbe in die Höhe, während alle anderen den rechten Arm zum deutschen Gruß erheben mussten. Ein belehrender Fahnenspruch wurde gesprochen. Oft waren es Hitlerworte, manchmal wurden auch die Klassiker bemüht: ‚Immer strebe zum Ganzen, und kannst du selber kein ganzes werden, als dienendes Glied schließ‘ an ein Ganzes dich an!‘ Abtreten zum Frühstücksempfang!

Der Fahnenspruch war gleichzeitig der Tagesspruch und wurde ans ‚Schwarze Brett' geheftet zum Nachlesen und um beherzigt zu werden.

Zurück zu meinem ersten Abendappell, der auf mich sehr befremdlich wirkte. Er lief so ab wie die Morgenappelle, nur dass es hieß: ‚Holt nieder Fahne!', und dass ein Lied am Schluss gesungen wurde: ‚Die letzten Speere schwirren, der Abend dämmert rot...' Außerdem gab Rex Ausschnitte aus dem täglichen Wehrmachtsbericht bekannt, wobei uns am meisten interessierte, in welchen Stadtteilen in Berlin die meisten Bomben gefallen waren.

Als ich mich endlich erschöpft ins Bett legte, brach dieses unter mir zusammen, und zwar gerade als die aufsichtsführende BDM-Führerin das Gaslicht löschte. Schadenfrohes Gekicher überall. Das, was ich sonst wohl auch als Spaß aufgefasst hätte, machte mich jetzt vollends unglücklich. Ich versuchte bei schwachem Sternenlicht und Mondschein verzweifelt tastend, die verschobenen Bodenbretter der Bettstelle wieder so zu verteilen, dass der Strohsack nicht mehr durchrutschen konnte. Keiner half mir. Ich war die Neue hier, ich hatte meine Spießruten zu durchlaufen. Mit dem Brief, den Papa mir dagelassen hatte, und dem Bild von Eltern und Brüdern unter dem Kopfkissen weinte ich mich irgendwann in den Schlaf.

Den Appell am nächsten Morgen versäumte ich, denn ich bekam die Augen nicht auf. Sie waren total zugeschwollen. Der ungewohnte Strohstaub hatte eine Bindehautentzündung hervorgerufen. Das unnahbare Fräulein Drieger kam mit Augentropfen, und ich blieb mit Kamillenumschlägen auf den Augen im Bett. Ich bekam kein Frühstück, brauchte nicht zum Unterricht und hatte reichlich Zeit, mich zu bedauern. Um die Mittagszeit hatte ich begriffen, dass ich mit fremder Hilfe nicht zu rechnen hatte. Ich zog mich an und verfügte mich in den Essraum.

Tagebucheintragung vom 26. Januar 1944

Vielleicht habe ich jetzt Ruhe vor den blöden Gänsen hier, denen weiter nichts einfällt, als auf einen herumzuprügeln, der sowieso schon am Boden liegt, bildlich gesprochen. Vorgestern ist es wieder passiert; als ich mich ins Bett legte, kam ich mit dem ganzen Strohsack herunter. Eigentlich hätte ich es merken müssen, denn das untere Bett war noch leer. Das Mädchen, dem es gehört, trödelte auffällig langsam im Zimmer herum. Jedenfalls wurde ich diesmal richtig wütend und schrie: „Ihr könnt mich mal, ihr albernen Gänse!" Ich fegte alle Sachen von dem großen Gemeinschaftstisch, drehte ihn um und legte meinen Strohsack hinein. Als das Licht ausging, lag ich voller Genugtuung unter meinem Federbett und hatte eine ruhige Nacht.

Meine Handlungsweise hatte wohl imponiert. Plötzlich finden mich alle prima und lustig, nennen mich Chaplin, weil ich den so gut nachmachen kann und so lustig bin. Mein Heimweh ist jetzt nicht mehr ganz so schlimm. Offenbar darf man keine Schwäche zeigen und erst recht keine Angst. Wenn mir zum Heulen ist, verdrücke ich mich an einen einsamen Ort, zum Beispiel ins Wäldchen. Na ja, mir geht es ja auch nicht schlimmer als den anderen, die auch hin und wieder das heulende Elend kriegen.

Tagebucheintragung vom 2. Februar 1944

Jetzt muss ich was über Rektor Kirn sagen. Wir nennen ihn kurz Rex. Hochaufgerichtet mit weißem Haar steht er da. Ein königlicher Mann!? Wir haben etwas Angst vor ihm, leiden kann ihn keiner, aber das wird ihm egal sein. Inge, Purzel genannt, denn alle haben hier Spitznamen, also Purzel hat gesehen, dass Rex unter seinem Bett ganz viele Äpfel auf Zeitungspapier liegen hat. Sie meint, er halte sie zurück und fresse sie alleine. Wir bekommen jedenfalls keine. Ich denke, vielleicht hat er sie für sich allein beim Bauern gekauft, dann darf er sie auch alleine essen. Ich kann ihn nicht leiden, weil er so hinterhältig und gemein ist.

Das hat er gestern Abend bewiesen: Wir waren nach dem Lichtausmachen wirklich ganz ruhig. Nur Elsa erzählte uns noch die Geschichte weiter, die sie gerade las. Sie tat das jeden Abend, so als Fortsetzungsroman quasi. Wir anderen kicherten leise in unsere Zudecken, weil Elsa immer so übertrieben redet, vor allem, wenn es um Liebe geht. Plötzlich ertönte die Stimme von Rex. Er hatte uns belauscht und stand im dunklen Zimmer: „Alle raus auf den Flur!" Wir mussten uns ein Stockwerk tiefer vor seinem Zimmer in Reih' und Glied aufstellen. Er hielt uns eine fürchterliche Standpauke. Es sei unerhört, dass wir uns so ein Geschwätz anhörten, so ein schmieriges, dummes Gerede. Und die, die so etwas von sich gäbe, sei im höchsten Grade verächtlich und sollte mal in sich gehen. Dann wollte er ihren Namen wissen. Wir schwiegen. Wir verrieten Elsa nicht. Dafür ließ er uns im Nachthemd auf dem eiskalten Flur stehen. Manche waren barfuss, weil sie in der Eile und im Dunkeln ihre Hausschuhe nicht gefunden hatten. Er ging in sein Zimmer, ließ die Tür offen und kam erst nach einer halben Stunde, die uns endlos erschien, wieder und schickte uns gut abgekühlt ins Bett zurück. Also ich glaube jetzt auch, dass er unsere Äpfel frisst und ein Verhältnis mit der wasserstoffblonden Drieger hat. Und das ‚schlimme' Buch, aus dem Elsa erzählte, heißt ‚Quo vadis'. Papa hatte es mir schon lange zum Lesen gegeben. Es ist ein ganz berühmtes Buch. Also ungebildet ist unser Aufpasser auch noch.

Tagebucheintragung vom 25. Februar 1944

Das Essen ist ziemlich mies. Pellkartoffeln und Quark ist noch das Beste. Oft gibt es auch Quark mit Marmelade vermischt als Nachtisch. Manche mögen den nicht, weil er oft schon angegoren ist. Mir schmeckt er, und ich nehme mir von den stehen gebliebenen Portionen noch zwei Schälchen und vernasche sie nachmittags. Vor allem, wenn es die dünne Kohlsuppe gab, die so durchläuft und überhaupt nicht sättigt.

Mutti schickte mir ein paar Buttermarken (50g) und etwas Geld. Ich ging in die Molkerei. Da standen viele Leute Schlange. Ich stellte mich hinten an. Da kam eine Frau, ging gleich nach vorn und bekam sofort ihre Butter und Milch. Wie sie wieder an mir vorbeiging, stutzte sie: „Du bist doch Deutsche." Ich nickte. Sie sagte: „Du darfst dich nicht zwischen die Polen stellen, du musst gleich nach vorn gehen." Ich grinste verlegen. Da rief sie schon der Verkäuferin zu: „Hier, gib gleich mal dem Kind, das weiß hier noch nicht Bescheid!" Mir war das vielleicht peinlich. Am schlimmsten war, dass die Polen alle weggucken, zur Erde, und keiner etwas sagte. Ich erzählte es im Lager den anderen: „Das haste nicht gewusst? Die dürfen auch nicht auf den Bürgersteig, wenn ein Deutscher da lang geht." – Also darum müssen wir alle das kleine Hakenkreuz aus Blech tragen. Wir sind gezeichnet. Und was ich auch noch nicht wusste oder überhört hatte: Wir dürfen nur in Dreiergruppen spazieren gehen, denn polnische Jungen schmeißen aus dem Hinterhalt oft mit Steinen nach uns. Wenn wir uns umgucken, sehen wir sie in ihren Holzschuhen wegrennen. Sie sollen bei uns auch abends schon Fensterscheiben eingeworfen haben.

Die Gegend hier macht traurig. Öde sind die langen Sonntagsspaziergänge in Reih und Glied, die eher Märsche sind und unter der Leitung der BDM-Führerinnen stattfinden. Unter zeitweisem Absingen aufmunternder Lieder ist das ganze Lager unterwegs. Nur die Teilnahme der Lehrer ist freiwillig. Meist fegt ein eisiger Wind über das flache, braune Land. Wir scheuchen Scharen von Raben von den kahlen Sträuchern und Bäumen. Der Schnee ist fast weg. Auf dem kleinen Fluss liegt noch eine dicke Eisdecke.

Tagebucheintragung vom 12. März 1944

Unser Lager liegt am Ortsrand von Pakosch. Dahinter beginnt das Wäldchen. Dort spielen wir auf einem breiten Sandweg oft Völkerball. Ich bin ziemlich gut und werde immer gleich am Anfang in eine Mannschaft gewählt. Ich werfe nämlich mit der linken Hand und schnell, wenn auch nicht sehr scharf. An uns vorbei laufen oft schwarzgekleidete Frauen, in dunkle Kopftücher gehüllt. Sie laufen den später ansteigenden Weg entlang, der sich immer enger werdend einen Hügel emporwindet. Die Polinnen haben Rosenkränze in den Händen und beten sich den Berg hoch. Es ist ein Kalvarienberg mit allen Kreuzesstationen Christi. Neulich bin ich verbotenerweise ganz allein ins Wäldchen gegangen. Niemand war zu sehen. Ich stieg langsam immer höher und blieb vor jedem Bild stehen, besonders lange vor dem, wo Jesus unter dem Kreuz zusammenbricht. Ich fing auch an zu beten und zu bitten, dass der Krieg bald zu Ende sein soll, dass Mutti und Papa und den Jungens nichts passieren möge und ich bald wieder nach Hause könne. Ich heulte ganz fürchterlich. Ganz oben auf dem Berg hängt Christus am Kreuz. Sein hölzernes Gesicht ist ausgebleicht und zerrissen. Da dachte ich plötzlich: 'Gott ist nicht schuld. Die Menschen wollen ihn gar nicht, sie wollen auch seine Gebote nicht halten. Sie wollen die Schwachen quälen, die Wehrlosen steinigen, sie wollen kreuzigen mit Worten, mit Bomben und Granaten.' Als ich mich ausgeheult hatte, war mir leichter, ich fühlte mich irgendwie getröstet und nicht mehr so allein wie in dem Lagertrubel sonst. Ich war so ungestört bei mir selbst und fühlte mich beschützt. War es das, was man paradox nennt? Laut Duden ist ein Paradoxon eine scheinbar falsche Aussage, die aber auf eine höhere Wahrheit hinweist. Na, bitte!

Tagebucheintragung vom 15. März 1944

Bei schlechtem Wetter findet der Appell im Treppenhaus des Schulgebäudes statt. So war es gestern Abend. Rex hatte sich verspätet und kam gerade, als wir zum Abschluss unser Leib- und Magenlied sangen: 'Jenseits des Tales standen ihre Zelte, zum blauen Abendhimmel quoll der Rauch…' Es beschreibt die unstandesgemäße, entsagungsvolle Liebe des Königs zu einer Marketenderin. Rex unterbrach empört den Gesang und verbot diesen ‚grässlichen Schwulst'.

Viel später stellte ich fest, dass der Text von dem durchaus patriotischen, ritterlichen Balladendichter Börries Freiherr von Münchhausen stammte, der 1945 durch Selbstmord endete.

Gedanken der alt gewordenen Helga bei der Rückbesinnung auf die damaligen Ereignisse und die im Tagebuch festgehaltenen mentalen und gefühlsmäßigen Reaktionen darauf

Da ist zunächst einmal die Fahne, dieses seltsame Stückchen Stoff, dem man folgen soll, für das man sterben soll. Wobei die Auswahl und Zusammenstellung der Farben die Welt in Todfeinde oder berechnende zeitweilige Verbündete zerlegt. Dieses Stückchen Stoff, das wohl gedacht war als Zeichen offener Zusammengehörigkeit, ist längst Symbol von Abgrenzungsbestrebungen und Parteilichkeit geworden.

Zum anderen sind es gewisse Lieder, besonders wenn sie gemeinsam und in großen Chören gesungen werden, die wie raffiniert gemischtes Rauschgift wirken können. Was die Melodie an Euphorie nicht schafft, leisten die Worte. Schwung und Kraft werden emotional erzeugt, man kann sagen instinktiv, nämlich ohne Einschaltung des denkenden Bewusstseins. Ein Gefühl von Begeisterung und Zuversicht lässt sogar Ängste zeitweilig verschwinden.

Seit meinem zehnten Lebensjahr sang ich diese Lieder im staatlich verordneten Jungmädelbund beim ebenso verordneten wöchentlichen Heimabend. Ich sang sowieso gern, gewöhnt an Papas Lautenbegleitung: Lönslieder, Volkslieder aus dem ‚Zupfgeigenhansel‘. Die Lieder, die beim Heimabend gesungen wurden, klangen anders und immer im Viervierteltakt:

„Lasset im Winde die Fahnen wehen, ihr lieben
Kameraden!
Alle müssen zur Fahne stehen, wenn wir zu Felde traben.
Vorwärts den Blick und vorwärts den Schritt,
für uns gibt es nimmermehr ein Zurück!
Also ruft die neue Zeit, Kameraden, seid bereit!“

23

Das war das Lied, das ich als Zehnjährige bei meinem ersten Heimabend lernte. Das Militante wird zur Gewohnheit, wenn man damit groß wird. Im Rückblick erscheint es wahnwitzig, dass Kinder gedankenlos und in aller Unschuld von Tod und heroischem Untergang singen, ohne es mit dem so nahen Verhängnis in direkte Verbindung zu bringen und ohne zu merken, dass sie schon mittendrin sind. Es hat etwas Unheimliches, dass der hitlersche Geist dem Volk, speziell der Jugend, in diesen Liedern genau sagte, was er mit ihnen vorhatte, was ihr Schicksal sein würde, und das schon in den Phasen des Friedens und der deutschen Siege:

> *„Vorwärts, vorwärts schmettern die hellen Fanfaren!*
> *Vorwärts, vorwärts Jugend kennt keine Gefahren!*
> *Deutschland, du musst leuchtend stehen,*
> *mögen wir auch untergehen.*
> *...*
> *Unsre Fahne flattert uns voran.*
> *In die Zukunft sehen wir Mann für Mann.*
> *Wir marschieren für Hitler durch Nacht und durch Not*
> *mit der Fahne der Jugend für Freiheit und Brot.*
> *...*
> *Und die Fahne führt uns in die Ewigkeit,*
> *denn die Fahne ist mehr als der Tod. "*

Die Fahne wird hier vollends zum Symbol der Aggression. Der jedem Menschen mehr oder weniger innewohnende Lebens- aber auch Opferwille wird hochgepeitscht zu dem Gefühl des sich Verströmenwollens für Werte, die sich als undifferenzierte Abstrakta wie ‚Freiheit' und eindeutige Konkreta wie ‚Brot' demaskieren. Kein bestimmter Feind wird benannt. Er ist ein leicht auswechselbares Phänomen. Wenn aggressive Begeisterung und Opferwille im Kollektiv geweckt sind, dann hält einer die natürlichen Ängste und Bedenken des anderen in Schach. In diesen Liedern spiegelt sich das ganze diktatorische Konzept unverhohlen wider. Es war ein perfekt psychologisch ausgeklügeltes System, welches die genetisch bedingten arteigenen Reaktionsmöglichkeiten der menschlichen Natur voll berechnete, aber nicht beachtete, dass folgerichtig eine teleologische, sich steigernde Entwicklung einem Schneeball vergleichbar ist, der zur vernichtenden Lawine wird, die ihr eigenes Ende in dem von ihr angerichteten Chaos findet.

Ich erlebte einmal die Faszination, die von Menschenmassen ausgeht, die einheitlich reagieren und so etwas Übermenschliches wie einen riesigen, tönenden und sich im Gleichmaß bewegenden Korpus darzustellen scheinen. Es war 1940 am ,Tag der deutschen Jugend' im Berliner Olympiastadion. Ich war zum ersten und einzigen Mal dabei. Ich trug die vorschriftsmäßige weiße Bluse, an die der schwarze, gerade Rock angeknöpft war. Unter dem Blusenkragen lag das schwarze Fahrtentuch, das durch einen geflochtenen Lederknoten vorn zusammengehalten wurde. Auf dem linken kurzen Blusenärmel war das schwarze Dreieck mit der Aufschrift ,Ost-Berlin' aufgenäht; das Erkennungszeichen des Bannes, zu dem ich nach meinem Wohnbezirk gehörte und der am Moritzplatz im Paul-Lincke-Haus untergebracht war. Mit vielen anderen Mädchen war ich morgens am Michaelskirchplatz in Berlin SO36 angetreten. Unter der Leitung meiner Schaftsführerin Ilse, die etwa zwanzig Mädel unter sich hatte, reihten wir uns in den langen Zug ein, der sich in Dreierreihen formierte. Ilse trug als Zeichen ihrer Würde eine rotweiße Kordel, die zwischen oberem Blusenknopf und Schulterstück eingeknöpft war und die unterste Position in der Führungshierarchie des Jungmädelbundes kennzeichnete. Auf vorgeschriebenen Wegen marschierten wir los und stießen auf viele andere Gruppen von Jungmädeln, Pimpfen, BDM und alle Sparten der Hitlerjugend. Im Sternmarsch bewegte sich die Jugend Berlins auf das Olympiastadion zu. Marschlieder klangen auf, Fanfarenchöre kamen hinzu. Zwischendurch erscholl das dumpfe Wirbeln auf dem Kalbfell der Landsknechtstrommeln. Neben den üblichen Braunhemden der älteren Hitlerjungen kamen die blaugrauen Uniformen der Flieger-HJ und vor allem die Matrosenanzüge der Marine-HJ vorteilhaft zur

Geltung. Diese großen übermütigen Jungen mit den wehenden Mützenbändern und den frechen Liedern, die so gar nicht ins Programm passten, werde ich nicht vergessen: „Caramba, caracho ein Whisky, caramba caracho ein Gin, verflucht sacramento Dolores! Und alles ist wieder hin! Amigos…" Ich bewunderte sie.

Es war ein weiter Weg vom Berliner Südosten bis zum Ziel. Ich hatte es nicht bemerkt. Aus allen Richtungen und Querstraßen kamen Kolonnen uniformierter Mädchen und Jungen heran, diszipliniert und im Gleichschritt. Mit der Genauigkeit eines Präzisionsuhrwerkes füllte sich das Stadion. Jede Gruppe hatte ihren Platz. So ergaben sich uniforme Blöcke, nach Farben geordnet in weiß, braun, fliegergrau und blau. Ich hatte so etwas noch nie erlebt. Das reibungslose Funktionieren allein schuf schon ein starkes Zusammengehörigkeitsgefühl. Was ich später zu Hause schilderte, war der gewaltige Eindruck, der meine Gefühle überwältigte wie ein grandioses Illusionstheater, das ich nie vergaß: Tausende von Pimpfen erhoben sich wie ein Mann und schlugen dumpf ihre Landsknechtstrommeln, tausend Fanfaren schmetterten im Gleichklang ihre Signale. Knüppel- und Blechmusik der Musikzüge ertönte. Gesang hallte von allen Rängen nieder und rief leicht versetzt eine gewaltige Echowirkung hervor. Nicht die Rhönradvorführungen und die Gymnastikveranstaltungen der über vierzehnjährigen BDM-Mädchen, nicht die Volkstänze der über einundzwanzigjährigen Mädchen des Bundes ‚Glaube und Schönheit', die in ihren weißen Glockenrockkleidern und blauen oder roten Bolerojäckchen ein ästhetisch reizvolles Bild boten, machten auf mich den größten Eindruck; auf Reden von Jugendführern und anderen Funktionären kann ich mich nicht besinnen. Dass geredet wurde, rekonstruiere ich, weil immer geredet wird auf Massenveranstaltungen, obwohl außer gerade gängigen Schlagwörtern und Phrasen nichts gesagt wird. Aber die abgehackten Befehlsschreie habe ich im Ohr, die Zeichen für den Einsatz der musikalischen Darbietungen waren, und den gemeinsamen Schlussgesang, von dem das ganze Stadion in fast übermenschlicher Weise widerhallte:

„Ein junges Volk steht auf, zum Sturm bereit.
Reißt die Fahnen höher, Kameraden!
Wir fühlen nahen unsere Zeit,
die Zeit der jungen Soldaten.
Vor uns marschieren mit sturmzerfetzten Fahnen
die toten Helden der jungen Nation,
und über uns die Heldenahnen.
Deutschland, Vaterland, wir kommen schon.

Wir sind nicht Bürger, Bauer, Arbeitsmann,
haut die Schranken doch zusammen, Kameraden,
uns weht nur eine Fahne voran,
die Fahne der jungen Soldaten.
Vor uns marschieren mit sturmzerfetzten Fahnen...

Und welcher Feind auch kommt mit Macht und List,
seid nur ewig treu, ihr Kameraden!
Der Herrgott, der im Himmel ist,
liebt die Treue der jungen Soldaten!
Vor uns marschieren mit sturmzerfetzten Fahnen ..."

Wer diesen Text kühlen Blutes analysiert, wird eine wahnwitzige Verknüpfung von Aggressivität mit den Idealen der Französischen Revolution und denen der Christenheit finden, wobei dem Gott der Liebe des Neuen Testamentes einiges unterstellt wird. Ich war ebenso wie die anderen Jungen und Mädchen im Stadion nicht zu einer kritischen Beurteilung fähig. Ich war mitgerissen, überwältigt, stolz dabei zu sein, und doch ein zehnjähriges Kind ohne Arg oder Feindschaft gegen irgendeinen anderen. Wer kann sich der Suggestion solcher Massenveranstaltungen entziehen? Wie sollten Kinder das können? Es war eine perfekte Inszenierung, die in einen Rauschzustand versetzte.

Tagebucheintragung vom 17. März 1944

Papa schrieb an Fräulein Drieger und fragte an, ob sie mir Klavierunterricht geben könne. Sie hatte nämlich einige Privatschülerinnen. Sie lehnte es ab, da sie ohnehin schon überbeansprucht sei. Erst war ich ärgerlich, aber jetzt bin ich ganz froh darüber. In ihrer Nähe wird mir immer ganz kalt. Vielleicht ist sie nur traurig. Die Mädchen sagen, ihr Verlobter sei im Krieg gefallen.

Neulich hatten wir eine Feier auf dem Marktplatz. Es kamen die deutschen Bauern und Gutsbesitzer aus der Umgebung. Der Ortsgruppenleiter sprach, Fräulein Drieger gestaltete das musikalische Festprogramm. Unser Chor sang, Gerda und ich mussten zwei Lieder auf unseren Akkordeons vorspielen, natürlich Marschlieder: ‚Wir traben in die Weite' und ‚Es klappert der Huf am Stege'. Ich hätte lieber mal einen Wiener Walzer oder sogar einen Tango gespielt, immer das Getrabe, dabei hat kein Aas ein Pferd. –Halt, das stimmt nun auch wieder nicht; denn nach der Feier wurden der Chor und alle Mitwirkenden, also auch Gerda und ich, von den Einheimischen zum Abendessen eingeladen. Nun trabten wir wirklich in der leichten Jagdkalesche des Rittergutsbesitzers über das weite Land, das im Abendsonnenschein leuchtete. Wir kamen in ein feudales Haus, in ein Schloss, und wurden großartig bewirtet. Man war sehr freundlich zu uns, wenn auch ein wenig von oben herab. Nachdem man alles Nennenswerte von uns wusste, was natürlich nicht viel war, beachtete man uns kaum. Wir konnten nach der Tafel ungehindert umhergehen, auch in die Ställe und im beleuchteten Park. Wir naschten reichlich von dem überall herumstehenden Kuchen und Konfekt. Später am Abend gab es einen Ball. Wir Schüler durften noch zuhören, wie Fräulein Drieger Schubertlieder sang, wobei sie sich selbst auf dem Flügel begleitete. Dann wurden wir ins Lager zurückkutschiert. Die Pferde trugen Glöckchen, und der Himmel war voller Sterne. Ich fühlte mich in eine Märchenwelt versetzt: Aschenputtel kam vom Königsball. Übrigens hat die Drieger eine sehr volle Stimme, einen dunklen Mezzosopran.

Tagebucheintragung vom 18. März 1944

Ich will jetzt wieder mehr musizieren. Nach der Mittagsruhe, wenn alle aus dem Bett sind und die Freizeit anfängt, bleibe ich noch eine halbe Stunde im Schlafraum und klimpere auf dem Akkordeon herum. Ich spiele dann meist aus dem Kopf die Lieder, die wir zu Hause mit Papa zur Laute gesungen haben: Lönslieder, Wiegenlieder wie ‚Schlafe mein Prinzchen, es ruhen...' Dabei denke ich an Jörg. Mama schreibt, dass er eine sehr merkwürdige Babysprache spricht. Solveigslied aus ‚Peer Gynt' von Grieg ist jetzt mein Lieblingslied. Papas auch.

Tagebucheintragung vom 20. März 1944

Ich habe es geschafft! Sie sind ab. Mutti hat es erlaubt. Ich war beim Friseur. Leider sehe ich jetzt aus wie ein Besen, so dass es mir beinahe leidtut. Der Friseurladen war die reinste Folterkammer. Der Folterknecht schnitt mir die Zöpfe ab, dann befestigte er große Gummiklammern auf meinem Kopf, so dass die Kopfhaut damit abgedeckt war. Aus jeder Klammer guckte eine Haarsträhne heraus. Diese befeuchtete der Haarkünstler mit einer streng riechenden Flüssigkeit und wickelte sie einzeln auf Metallröllchen. Ich sah mit diesem Eisenhelm schon recht merkwürdig aus und konnte mein beschwertes Haupt kaum noch halten. Aber es kam noch schlimmer. Gummischläuche wurden an die einzelnen Wickler gesteckt. Plötzlich zischte es, und Wasserdampf fuhr in die Schläuche. Es wurde mörderisch heiß auf meinem Kopf. Der Friseur zuckte mit den Achseln und befreite mich erst nach endlosen Zeiten von den Folterinstrumenten. Ich traute meinen Augen nicht: Ich war zum blonden Buschmann geworden. So etwas Krauses hatte ich noch nie gesehen. Viel besser war es auch nach der Wasserwelle nicht. – Ich mag gar nicht in den Spiegel gucken. Ich wickle, glätte, befeuchte, ziehe lang, aber mein dickes Haar will nicht so natürlich fallen, wie es auf den Bildern aussieht, die der Dorfbarbier im Schaufenster hat. Der Ansatz einer Innenrolle ist zu sehen; hoffentlich schaffe ich es, einigermaßen manierlich auszusehen, wenn Mutti kommt. Sie wollen mich nämlich alle besuchen, im Mai, wenn Papa vielleicht Urlaub bekommt.

Noch etwas: wir waren alle beim Zahnarzt. Der passt genau zum Friseur. Meine Zähne seien gut, meinte er, aber ein klitzekleines Loch müsse er doch zumachen. Da fängt er doch an zu bohren mit einem Ding, das er treten muss wie Mutti ihre Nähmaschine. Mal bohrt er schneller, mal langsamer, je nachdem wie schnell er tritt. Dann kam noch ein Arzt ins Lager, der uns alle untersuchte und meinem Jahrgang die zweite Pockenimpfung verpasste. Wir wurden auch gemessen und gewogen. Ich bin jetzt 1,55 m groß und habe ein bisschen Untergewicht.

Tagebucheintragung vom 21. März 1944

Ich gehe jetzt zum ,Konfer' (Konfirmationsunterricht) in die kleine Feldsteinkirche. Aus unserer Klasse sind wir zehn Mädchen. Der Pfarrer ist kein richtiger evangelischer Pastor mit Dienstwohnung und Gehalt, mit Frau und vielen Kindern. Kinder hat dieser auch, kleine Kinder, denn er ist noch ziemlich jung. Seine Frau ist tot. Er kommt aus Bessarabien und wurde mit seiner ganzen volksdeutschen Gemeinde ,heim ins Reich' geholt und ausgerechnet nach Pakosch, diesem kleinen polnischen Nest. Er wohnt in dem Nebengebäude der Kirche. Seine Gemeinde sorgt für ihn und seine Kinder, denn er hat keine staatliche Anstellung, und er ist blind. Er spricht einfach und behutsam mit einem harten, aber klaren Akzent. Wir verehren ihn alle; denn er ist vielleicht wie Jesus. Er sagt nichts vom Siegen und Durchhalten wie Rex, der sich dauernd auf Gott beruft. Er sagt auch nie: die Deutschen, die Polen, die Feinde. Er sagt, Gott rufe alle Menschen: ,Kommt her zu mir, die ihr mühselig und beladen seid, ich will euch erquicken!' Und er sagt sogar: ,Liebet eure Feinde!'

Mit den Feinden ist es überhaupt so komisch: Wer mich ärgert, mich zum Weinen bringt, der ist doch in dem Moment mein Feind, er benimmt sich jedenfalls feindselig. Ich muss mich gegen ihn zur Wehr setzen. Wir prügeln uns oder ich sage, ‚du bist mir zu blöd' und haue ab. Das nächste Mal grinst man sich vielleicht an und denkt, ‚der ist ja gar nicht so.'

Neulich trafen wir auf dem gemeinsamen Spaziergang, besser ‚Spaziermarsch', die Gruppe gefangener Engländer. Sie marschierten zu ihrem provisorischen Fußballplatz. Sie sahen mit unbewegten Gesichtern geradeaus. Da rief ich laut: „How do you do?" Sie guckten verdutzt, einige lachten und einer rief in komischem Deutsch: „And hwie geht es dür?" Rex stürzte auf mich zu: "Du meldest dich nachher bei mir!" Fräulein Krotte, die Englischlehrerin, die lange Zeit in London gelebt hatte, wendete sich achselzuckend ab.

Ich hatte ziemlichen Bammel, als ich an seine Tür klopfte. Dann stand ich vor ihm. Er donnerte los: „Hast du denn keine Ehre im Leib? Ein deutsches Mädchen redet mit den Feinden, den Fliegern, die jeden Tag Bomben über Deutschland abwerfen, die morgen vielleicht dein Elternhaus in Berlin treffen!" – „Aber die doch nicht", stammelte ich verwirrt. – „Widersprich mir nicht! Die oder andere, jedenfalls Engländer. Geh' jetzt! Heil Hitler!" – „Heil Hitler!" und weg war ich. Ich will darüber nicht mehr nachdenken.

Tagebucheintragung vom 22. März 1944

Das war ein Theater! Zwei von den großen Mädchen, Inge und Gisela, die sich immer heimlich mit den beiden Söhnen des Bürgermeisters treffen, wurden gestern gesehen, wie sie nach Zapfenstreich, so kurz nach 22 Uhr, im Erdgeschoss aus dem Fenster kletterten. Dort lauerte Rex auf sie, als sie nach einer knappen Stunde von ihrem Mondscheinspaziergang zurückkehrten. Sie erschraken entsetzlich, als er sie in dem dunklen Zimmer am Kragen packte. Inge wurde noch frech und meinte, dass sie nichts Unrechtes täten und dieses

Lager ein Gefangenenlager sei. Das war für ihn das Stichwort. Er hat jede für sich in abgelegene kleine Zimmer gesperrt. Keiner darf zu ihnen. Drei Tage sollen sie isoliert bleiben.

Tagebucheintragung vom 30. März 1944

Onkel Richard, mein lieber, lustiger Onkel, Muttis Bruder, ist tot. Wie man nach Hause schrieb, ist er an der Spitze seiner Kompanie in Russland auf eine Mine getreten und in Stücke gerissen worden. Er soll dadurch seinen Kameraden das Leben gerettet haben, weil sie so auf das versteckte Minenfeld aufmerksam wurden. Tante Anni ist so traurig. Sie war mit Onkel Richard erst drei Jahre verheiratet. Der kleine Klaus ist ein Jahr alt. Er wird sich nicht an seinen fröhlichen Vater erinnern können. Warum muss das bloß so sein? Papa hat auch solange nicht an mich geschrieben. Um Mutti und die Jungens habe ich dauernd Angst. Bei Friedel Moser aus der 6. Klasse ist es nämlich passiert. Sie wurde gestern zu Rex gerufen. Fräulein Drieger war auch dabei. Dann haben sie der Friedel gesagt, dass ihre Eltern und ihr kleiner Bruder beim Bombenangriff umgekommen seien. Fräulein Drieger will Friedel zu sich nehmen und adoptieren. Friedel sitzt nur herum und weint und reagiert auf gar nichts. Sie hat sonst keine Verwandten mehr, und Fräulein Drieger ist auch allein. Aber die ist so streng, ich habe sie noch nie lachen sehen. Ob das für Friedel gut ist? Es tut richtig weh, Friedel anzuschauen. Wie hält sie bloß den Schmerz aus?

Ich erinnere mich, dass die Angst um die Angehörigen zeitweilig überdeckt wurde vom alltäglichen Trott. Auch schlechte Verhältnisse mit geordneten Regeln geben Sicherheit. Die unwirtliche Umgebung des fremden Landes wurde Gewohnheit.

Tagebucheintragung vom 3. April 1944

Seit ich in Pakosch bin, nehme ich Nachhilfestunden in Französisch, um die versäumten Anfangslektionen nachzuholen. Schade, jetzt habe ich es geschafft. Heute war meine letzte Stunde. Es war so ruhig in dem kleinen Zimmer, in dem Mademoiselle Gros mit ihrer alten Mutter wohnt. Sie machte immer einen Tee für uns, den wir aus dünnen Porzellantassen tranken und dazu zwei bis drei Kekse naschten. Ich saß gemütlich an einem Tisch mit Tischdecke, hatte ein Kissen im Rücken und einen Teppich unter den Füßen. Die kahlen Holztische und Militärspinden konnte ich für eine kleine Weile vergessen.

Tagebucheintragung vom 30. Mai 1944

Ich habe sie alle wiedergesehen. Mama, Papa und die Jungens waren hier. Sie hatten für vier Tage ein Zimmer gemietet. Ich konnte jeden Nachmittag mit ihnen zusammen sein. Mutti war von den Verhältnissen hier gar nicht begeistert. Sie sagte: „Ich schicke dem Rex eine Bescheinigung, dass du die großen Ferien bei Verwandten in Neuruppin verbringen sollst. Vielleicht kannst du da auch weiter zur Schule gehen." Nach Berlin bekommen wir nämlich keinen Urlaub. Und die Russen kommen auch immer näher. Mutti glaubt, dass sie bald hier sein könnten.

Mensch, bin ich froh, dass ich hier wegkann! Aber keiner darf das wissen. Der Rex predigt seine Durchhalte- und Endsiegparolen bei jedem Appell, so als müsse er sich selbst überreden. Wenn wir je den Feinden in die Hände fielen, wäre es aus mit uns, so etwas sagt er jetzt auch schon mal. Wenn ich dem aber sagen würde, dass ich hier wegwolle, würde er mich glatt für fahnenflüchtig erklären. Es sind viele Mädchen, die in den Ferien wegwollen. Natürlich müssen sie ihre Sachen hierlassen, um nicht aufzufallen. Sie sagen alle, dass sie wiederkommen. Aber ob da nicht noch mehr solche Heimlichen dabei sind wie ich?

Tagebucheintragung vom 25. Juni 1944

Eine Katastrophe! Doris und Bärbel aus der dritten Klasse sind ertrunken. Sie waren von einer einheimischen deutschen Familie eingeladen worden. Sie durften dort mit dem Boot fahren. Das Boot kippte um. Doris konnte nicht schwimmen. Bärbel, ihre beste Freundin, wollte sie retten, aber Doris soll sie in ihrer Todesangst so umklammert haben, dass sie sie mit sich unter Wasser zog. Jedenfalls hat man sie fest umschlungen aus dem Fluss geholt. Sie wurden unten in der Eingangshalle in weißen Särgen aufgebahrt. Sie waren weiß gekleidet und trugen Blumenkränze im Haar. Im offenen Sarg hat sie der Pakoscher Photograph geknipst und die Bilder an uns verkauft. Ich habe auch zwei genommen. Dann wurden sie von ihren Müttern nach Berlin zurückgeholt. Sie sind die ersten, die nach Hause kommen. Sterben hätten sie da auch können.

Tagebucheintragung vom 1. Juli 1944

Gestern habe ich meinen 14. Geburtstag gefeiert. Mutti schickte mir ein Kleid. Es passt prima. Sie hat es aus zweierlei Stoff genäht. Ein altes, zu kleines Kleid von mir hat sie mit weißem Bettbezugstoff sozusagen vergrößert. Blaue Knöpfe, die wie kleine Hüte aussehen, muss ich noch annähen, dann ist es fertig. Es sieht hübsch aus. Mutti schickte noch ein paar Brotmarken und Fettmarken und etwas Geld, so dass ich mir heute einen fetten Tag machen kann. Die Lagerküche hatte mir gestern den für Geburtstagskinder üblichen Teller Kekse und eine Kerze hingestellt. Die Klassenkameradinnen gratulierten mit einem Lied. Elsa und Bruni, mit denen ich etwas enger befreundet bin, schenkten mir zwei Seitenkämmchen und ein Buch, die Novelle von Storm 'Der Schimmelreiter'. Von Papa kam keine Post. Es dauert mit der Feldpost in dieses Nest am A…. der Welt besonders lange. Wenn er im Einsatz ist, dann kann es auch sein, dass…! Nein, nein, nein! – Noch ein paar Tage bis zu den großen Ferien, und dann ADE!

Von meinem Gartenbeet trenne ich mich schweren Herzens. Es blüht dort herrlich, und mein Gemüse gedeiht ausgezeichnet. Ich habe die größte Gurke von allen geerntet. Das muss Zufall sein, denn ich habe noch nicht einmal regelmäßig gegossen. Ein unangenehmes Erlebnis hatte ich übrigens bei der Gartenarbeit, das ich noch gar nicht erzählt habe. Vor ein paar Wochen bin ich mit dem nackten Fuß in eine dieser kleinen Harken getreten, die aus einer Leiste mit vier großen Nägeln und einem Stiel bestehen. Zwei der sandigen Nägel drangen in meinen Fuß ein. Es tat gemein weh. Die Drieger verfrachtete mich gleich zum Arzt, der mir eine Tetanusspritze gab. Der Fuß ist längst wieder heil, aber die Narben sieht man noch.

Nach Neuruppin muss ich über Berlin fahren, also habe ich eine Fahrkarte nach Berlin lösen dürfen. Ich stecke dich, mein schlecht behandeltes Tagebuch, zu meinem Reisegepäck. Alles andere muss ich stehen und liegen lassen. Ich kann nicht einmal meine Bücher und Zeichensachen aus den gemeinsamen Regalen im Tagesraum nehmen und in die Kiste schließen. Auch mein Akkordeon muss ich hier lassen, um keinen Verdacht zu erregen. Ach was, die Hauptsache ist, dass ich hier wegkomme!

Ich erinnere mich daran, wie seltsam eng und schäbig mir die Treppe vorkam, die in Berlin zur elterlichen Wohnung führte. Die Wohnungstür schien geschrumpft zu sein. Aber bald war ich wieder im gewohnten Rhythmus. Wir schliefen wieder Nacht für Nacht im Fichtebunker. Bei Tagesalarm gingen wir in den Hauskeller oder, wenn die Zeit reichte, in den unterirdischen Bunker in der Dresdener Straße, der zum U-Bahn-gelände gehört. Es war, als wäre ich nie weg gewesen: Milchholen im Kuhstall in der Waldemarstraße, wo sie auch unsere Kartoffelschalen in Brennholz umtauschten. In der Markthalle Luckauer Straße wechselte ich mich mit Mutti beim Anstehen ab oder passte auf die Brüder auf. Als die Ferien zu Ende gingen, schrieb Mutti an Rex, dass ich nicht ins Lager zurückkehren würde, sondern in Neuruppin zur Schule gehen werde. Er antwortete böse und warf ihr vor, nicht an den Endsieg zu glauben und dem Führer nicht zu vertrauen. Mutti zuckte nur mit den Achseln.

Ich fuhr nach Neuruppin, wohnte erst bei Tante Frieda, denn Oma war inzwischen gestorben und ihre Wohnung aufgelöst. Als ich der Tante lästig wurde, mietete ich bei Albrechts, einem alten Ehepaar unserer Bekanntschaft, ein kleines Zimmer. Ich verpflegte mich selbst, also verwaltete meine Lebensmittelkarte selbst, ging jeden Tag nach der Schule in ein Gasthaus mit Mittagstisch und war sehr froh über meine Unabhängigkeit. Fast jeden Samstag fuhr ich nach Hause und am Sonntagabend wieder zurück. Oft hielt der abgedunkelte Zug auf freier Strecke, wenn die Bomber über uns hinweg nach Berlin flogen. Auch kannte ich fast jeden Luftschutzbunker zwischen Hennigsdorf und Stettiner Bahnhof.

Die Schule machte mir jetzt großen Spaß. Ich war im Neuruppiner Fontanegymnasium untergekommen und besuchte eine Klasse, in der nur Flüchtlinge und Evakuierte zusammengefasst waren. Die Klasse war eher eine Notgemeinschaft. Als Neue wurde ich ohne Vorbehalt herzlich aufgenommen. Im Geschichtsunterricht waren die Schlesischen Kriege dran, im Deutschunterricht Hauffs Märchen und Mörikes Gedichte. Der gegenwärtige Krieg wurde nur erwähnt, wenn es sich gar nicht vermeiden ließ. Nach dem verkrampften Heroismus von Rex war das für mich wie eine

Erlösung. Ich konnte wieder Schülerin sein und keine Kämpferin an der Heimatfront, obwohl ich es hier realiter viel eher war, als in Pakosch.

Tagebucheintragung vom 14. Oktober 1944

Es ist komisch, ich bin so gern allein in meinem schmalen Zimmerchen. Albrechts laden mich abends immer in ihr Wohnzimmer ein, aber ich sage immer, ich habe Schularbeiten zu machen. Das stimmt auch meistens. Aber hauptsächlich lese ich oder mache Handarbeiten. Ich glaube, nach dem Schlafsaal und dem ewigen Gedrängel im Lager, wo man nicht einmal auf dem Klo alleine war, will ich eben für mich sein. Zu Hause in Berlin habe ich auch kein eigenes Zimmer, und im Bunker sitzt sowieso einer auf dem anderen. Albrechts verstehen das natürlich nicht, die finden mich ein bisschen verrückt. Auch zum Dienst gehe ich nicht mehr. Wo auch? Ich bin halb hier, halb in Berlin. Aber als die mich hier auf den Bann bestellten und so im knappen Befehlston ausfragten und mich an meine Pflichten erinnerten, wurde ich richtig aufsässig. Und es wurde mir ganz leicht, ihnen vorzuschwindeln, dass ich in Berlin Dienst machen würde. Sie meinten auch, ich sei jetzt alt genug, um in den BDM übernommen zu werden. Ich sagte, dass werde alles in Berlin gemacht. In Berlin war eine Karte angekommen, die mich auf den Bann Ost-Berlin bestellte. Mutti schrieb zurück, dass ich in Neuruppin zur Schule ginge. Seitdem ist Ruhe. Ich halte es nicht mehr aus, wenn mich einer kommandieren will. Wir haben hier genug zu tun mit den Alarmen. Meine freie Zeit will ich mir selbst einteilen.

Ich bin Spezialist im Fenstervernageln –nicht zu fest, damit die Rahmen nicht kaputtgehen, nicht zu locker, damit die Pappe nicht abfällt. Zum Glück haben wir Doppelfenster. So kann ich die inneren Flügel vernageln, die am Tage teilweise offenstehen, damit Licht durch die scheibenlosen Außenfenster in die Wohnung fallen kann.

Tagebucheintragung von 17. Oktober 1944

Albrechts sind liebe Leute. Obwohl sie schon sehr alt sind, sind sie immer vergnügt, ja, richtig verliebt miteinander. Neulich habe ich aber einen ziemlichen Schreck bekommen. Herr Albrecht kam aus dem Badezimmer und trug einen ledernen Riemen unter der Nase, der war über Wangen und Hinterkopf festgespannt. Sein Gesicht war ganz entstellt. Frau Albrecht erklärte mir lachend, dass das eine Bartbinde sei. Was es alles so gibt!?

Mutti hatte noch viele kleine Wollknäuel in allen Rosa- und Grautönen, aus denen mal ein Kissen werden sollte. Daraus habe ich für Jörgi einen Pullover mit Stehkragen gehäkelt, feste Maschen. Am vorigen Sonnabend habe ich ihn mit nach Berlin genommen. Er passt prima und ist ganz weich. Süß sieht der kleine Bengel darin aus. Er will nur noch seinen ‚Kissenwauwau' anziehen.

So gern bin ich noch nie zur Schule gegangen. Die Schülerinnen freundlich, die Lehrerinnen vornehm und gebildet, jedenfalls feiner und leiser als in Pakosch (außer Mademoiselle Gros). Die Direktorin, bei der wir Mathe und Physik haben, borgte mir sogar ihr eigenes Mathematikbuch, damit ich gleich richtig mitarbeiten konnte. Hier möchte ich bis zum Abitur bleiben. Leider wird davon geredet, dass das Schulgebäude bald für Verwundete gebraucht werde. Hoffentlich stimmt es nicht!

Ich gehe jetzt zum alten Pastor Fischer in den Konfirmationsunterricht. Jeden Donnerstagabend. Das mache ich gerne. Da ist so eine beruhigende Atmosphäre, als ob gar kein Krieg wäre. Der Pastor hat Papa schon eingesegnet. Papa schrieb, ich solle dem Fischer lieber nicht erzählen, wessen Tochter ich sei, denn er habe ihn als Bengel mächtig geärgert. Der Pastor hat mich bei der Anmeldung aber gleich ausgefragt und nur gesagt: „So, so, der Paul! Was macht er denn jetzt? Gott schütze ihn und seine Familie!" Bei Fischer werden Einheimische und Fremde nicht unterschiedlich behandelt. Er erzählt uns Gleichnisse, oder wir reden über Alltägliches und beziehen die Gleichnisse auf die Gegenwart. Wir singen, ein Harmonium begleitet uns. Dann beten wir zusammen das Glaubensbekenntnis. Fischer betet vor, und so lernen wir es, ohne zu pauken. Bei Pastor Fischer würde ich gern eingesegnet werden.

Tagebucheintragung vom 20. Oktober 1944

Letztes Wochenende war schlimm. Im Zug irgendwo hinter Hennigsdorf wurden wir vom Alarm überrascht. Draußen war es schon dunkel. Im Zug gingen ebenfalls alle Lichter aus. Er raste ohne zu halten bis Weißensee durch. Dort liefen wir alle durch einen langen Tunnel in einen Keller. Ich hatte ausgerechnet viel zu schleppen. Ein Soldat half mir, sonst wäre ich auf der Strecke geblieben. Nach dem

Alarm fuhr ich mit der S-Bahn bis zum Schlesischen Bahnhof und schleppte meine Kartons mitten in der Nacht das heillose Ende bis zum Fichtebunker, wo ich sie sicher unterstellen wollte. Mutti dachte, mein Gespenst stehe vor ihr und wolle sich abmelden.

Tagebucheintragung vom 24. Oktober 1944

Gestern war ich mal wieder auf dem Hof in der Karlstraße 8. Ich guckte auf den alten Nussbaum und in den Holzstall, in dem Oma ihren toten Robert fand. Dann ging ich ins Nebenhaus zu Tante Emma, wo ich mich in Omas alten Lehnstuhl setzte und mit meinem Vetter Günter, der auch gerade zu Besuch war, ein paar Runden Mühle spielte. Er spielt pfiffig, ich gewinne selten, aber sonst finde ich ihn langweilig; er ist aus Neuruppin noch nie herausgekommen und ist zwei Jahre älter als ich. Ich ging dann bald weiter zum See hinunter an der uralten Klosterkirche vorbei. Hier sollen sie im Mittelalter mal eine Jungfrau eingemauert haben, lebendig; warum weiß wohl keiner mehr genau. Manche sagen, zur Strafe, weil sie aus dem Kloster, das früher die Kirche umgab, heimlich entfliehen wollte. Andere sagen, sie habe sich einmauern lassen, weil sie heilig leben und nur noch mit Gott reden wollte. Es sei ein Loch in der Mauer gewesen, wo man ihr das allernotwendigste Essen hinein- und ihre Notdurft hinausbefördern konnte. Sie habe sich misshandelt, um es im ewigen Leben besser zu haben. Pastor Fischer hält diese Methode für nicht so gut. Er sagt, hier und jetzt seid ruhig ein bisschen gut zu euch selber, dann seid ihr fröhlich und meint es auch mit anderen gut. Am Seeufer ging ich unter den hohen, alten Bäumen entlang und setzte mich eine Weile auf eine Bank und schaute über den See. Auf der kleinen Insel dahinten hat Papa als Junge Indianer gespielt. Er hat mir erzählt, dass er sich in der Apotheke für einen Sechser Indianerbraun kaufte und sich damit einrieb. Seine Mutter gab ihm zwei Säcke und Bindfaden. Er nähte sich selber eine Fransenhose. Federn fanden sie im Wald und auf den Hühnerhöfen in der Nachbarschaft. Mit seinen Freunden baute er ein Floß. Sie fuhren zur Insel und errichteten da ihre Reisigwigwams für den Sommer. Sie machten Feuer, brieten Vögel und Fische, die sie mit ihren Pfeilen erlegten oder mit selbst gebastelten Ruten angelten. – Und wo ist Papa jetzt? Wir haben seit fast zwei Monaten keine Nachricht von ihm.

Tagebucheintragung vom 27. Oktober 1944

Ich hatte Ärger mit dem Luftschutzwart in Neuruppin. Hier gab es bisher immer nur Voralarm, wenn die Bomber über uns hinweg nach Berlin flogen. Dabei habe ich mich immer auf die andere Seite gedreht und weitergeschlafen. Jetzt hat neulich ein Flugzeug, sicher aus Versehen, seine Bomben am Rande von Neuruppin abgeladen. Seitdem geben sie hier Vollalarm, und wir sollen alle in den Keller.

In der betreffenden Nacht klopften Albrechts an meine Tür. Ich rief ‚ja' und schlief weiter, während sie in den Keller gingen. Morgens stellte mich der Luftschutzwart des Hauses zur Rede, ich hätte bei Alarm den Keller aufzusuchen. Ich sagte, dass ich einfach zu müde sei und dass es in dem leichtgebauten Haus egal sei, ob ich parterre im Bett läge oder eine halbe Treppe tiefer im Keller säße und fröre. Mein Deckbett wäre ein guter Splitterschutz. Er brüllte, ich solle nicht so frech und vorlaut sein. Er habe seine Vorschriften, und ich habe zu gehorchen, wenn Erwachsene etwas anordneten und noch dazu Amtspersonen. Mir stiegen die Tränen hoch und, um nicht zu heulen, brüllte ich zurück: „Ich renne in Berlin schon dauernd in die Bunker. Ich kann einfach nicht mehr!" Er guckte verdutzt und ging weg. Gestern habe ich bei Alarm weitergeschlafen. Keiner hat etwas gesagt. Vielleicht denkt er, ich sei in Berlin.

Tagebucheintragung vom 10. November 1944

Ich war in Pakosch. In den Herbstferien. Ich wollte einfach meine Sachen wiederhaben. Es war eine schlimme Fahrt. Bis Posen ging es. Dort erwischte ich spät am Abend einen fast leeren Zug nach Hohensalza. Ich saß allein in dem stockdunklen Abteil, denn die Züge fahren jetzt alle ohne Licht. Es war lausig kalt. Der Zug hielt in jedem Nest: Fremde Ortsnamen, Türenschlagen. Die Lokomotive pfiff und schwerfällig fuhr der Zug wieder an. Mehrmals stiegen dunkle Gestalten in mein Abteil, die Pelzmützen tief ins Gesicht gedrückt. Männer. Ich rührte mich in meiner Ecke nicht. Sie sprachen mich nicht an und stiegen jedes Mal nach ein paar Stationen wieder aus. Als ich gegen ein Uhr nachts in Hohensalza ankam, ging kein Zug mehr nach Pakosch. Der Wartesaal war offen, es saßen auch einige Leute herum. Ich bestellte mir einen Tee und bekam von der mitleidig guckenden Gastwirtin sogar eine markenfreie warme Mahlzeit angeboten: Einen großen Hefekloß mit Backpflaumen. Es war ganz gemütlich, und ich war froh, dass ich jetzt nicht in Pakosch saß, denn da gab es keinen Wartesaal, und in das Lager wäre ich nachts auch nicht hineingekommen. Wenn ich nur nicht so müde gewesen wäre. Erst bin ich ein paar Mal eingenickt, dann schlief ich ganz fest zwei Stunden mit dem Kopf auf dem Tisch. Die Arme hatte ich um meine selbstgenähte Stofftasche gelegt, deren Schulterriemen ich mehrmals um mein Handgelenk geschlungen hatte. Ich brauchte schließlich Geld und Rückfahrkarte noch. Den Wartesaal kannte ich übrigens von einem Schulausflug her. Unsere Klasse durfte ins Kino gehen: ‚Der weiße Traum', ein Eislauffilm. Das Lied daraus war bei uns sehr beliebt: ‚Schenk mir einen bunten Luftballon' oder heißt es: ‚Kauf dir einen bunten Luftballon'? Wir mochten das Lied vielleicht so sehr, weil man laut Text mit diesem Ballon in ein fernes, friedliches Märchenland entfliehen konnte, wo man von einem schönen Prinzen erwartet wurde.

Müde und frierend bekam ich um 9 Uhr die Bimmelbahn nach Pakosch. Ich schlich im Lager herum wie ein Übeltäter. Die Lehrer, so

41

weit ich sie traf, übersahen mich, die Mädchen ebenfalls. Nur Elsa sprach mit mir und sagte, dass ich von meinen Sachen in den offenen Regalen des Tagesraumes wohl nicht mehr viel finden werde; denn es sei allen erlaubt worden, die ‚herrenlosen' Gegenstände zu benutzen. Schade, mein Poesie-Album, das ganz voll war, ist auch weg. Wer klaut denn so was? – Im Schlafsaal waren meine Sachen unversehrt, denn Schrank und Kiste waren abgeschlossen gewesen. Ich pumpte mir bei der Küchenfrau einen Handwagen und belud ihn mit ihrer Hilfe und zog zum Bahnhof. Kiste und Bettsack gab ich als Begleitgepäck auf. Das Akkordeon gab ich nur in Verwahrung bis zur Abfahrt des Zuges. Dann brachte ich den Handwagen zurück und machte mich davon, bevor ich vielleicht dem Rex noch vor die Füße lief. Ich stieg noch einmal den Kalvarienberg hoch, ging dann über den Marktplatz, schaute dem Friseur und dem Apotheker in die Schaufenster und kehrte zum Bahnhof zurück. Der Nachmittagszug brachte mich nach Hohensalza, der Nachtzug nach Berlin. Ich fühlte mich als Sieger und hatte nur Verachtung für die kleinlichen Pädagogen am Arsch der Welt.

Mit unserem alten Kinderwagen holte ich am nächsten Tag die Sachen vom Schlesischen Bahnhof ab. Das war vielleicht eine Buckelei! Hoffentlich kommt jetzt keine Bombe, dann war alles umsonst.

Mann, bin ich froh, dass ich nicht mehr im Lager sein muss. Mutti findet es unverantwortlich, dass Rex mit den Kindern noch dableibt. Aber vielleicht muss er. Die Russen sind schon bei Warschau, glaube ich, und die Polen werden immer feindseliger. Elsa sagte mir, Rex mache immer noch dieselben Sprüche, sogar noch fanatischer, und er rede sehr verächtlich von denen, die schon abgehauen sind. Das kann er haben, sagt Mutti.

Tagebucheintragungen zwischen Weihnachten und Neujahr 1944/45

Aus, Feierabend! Weihnachtsferien bis auf weiteres. Alle Neuruppiner Schulen werden Lazarette. Am letzten Schultag trennten wir uns traurig. Was heißt das: Bis auf weiteres? Das heißt wohl, wir sehen uns nie wieder. Wir, die Heimatlosen, Flüchtlinge, Evakuierten, die hier vorübergehend zu einer sich gegenseitig Halt gebenden Gemeinschaft zusammengeweht worden waren.

Heiligabend ohne Papa. Wir hatten einen kleinen Weihnachtsbaum geschmückt. Mutti hatte einen Kuchen gebacken. Jeder bekam ein kleines Geschenk. Ich bekam den Roman ‚Lichtenstein' von Wilhelm Hauff aus Papas Bücherschrank, Frieder ein paar Pappmaschee-Soldaten, einen Musikzug, sogar mit Schellenbaum, Jörgi einen Holzbaukasten. Um 17 Uhr wurde Mutti unruhig, und wir machten uns zum Fichtebunker auf den Weg.

Im Eingangsbereich des Bunkers stand ein elektrisch beleuchteter Weihnachtsbaum. Über den Lautsprecher kamen Glockentöne. Wilhelm Strienz sang: „Glocken der Heimat, tragt ihr mir Grüße zu…" Diese Stimme hört Mutti so gern. Wenn wir zu Hause rufen: „Mutti, komm' schnell, Wilhelm singt!", lässt sie alles stehen und liegen und stürzt zum Radio.

Na ja, da hatte sie noch eine zusätzliche Weihnachtsfreude neben dem mickrigen Nadelkissen, das ich ihr genäht hatte; die Einkaufstasche, die ich ihr aus Papierstrippe knüpfte, wie ich es im Lager gelernt hatte, ist noch nicht ganz fertig und wird auch kein Staatsstück.

Um 19 Uhr gab es prompt Alarm: ‚Und Friede auf Erden und den Menschen ein Wohlgefallen!' Aber wir sind wohl keine Menschen, bloß gehetzte Tiere. Pastor Fischer sagte, dass wir heute noch im Paradiese leben könnten, wenn wir Gottes Gebote halten würden und die Vorschriften der Bergpredigt beachten würden. Aber die Menschen wollen alles besser wissen und landen im Chaos. Also Gott ist nicht schuld - und ich auch nicht.

Bei Alarm kommen jetzt immer furchtbar viele Leute in den Bunker. Die Gänge und Vorräume reichen nicht mehr aus, so müssen die Kabineninhaber ihre Türen aufmachen und in ihren Betten liegen, damit noch Fremde in dem schmalen Gang neben den Betten auf ihren Koffern sitzen können. Es ist so eng, dass ich manchmal schreien möchte, weil ich zu ersticken glaube. Wenn über uns die Steine prasseln und der Bunker schwankt, wissen wir, dass er getroffen wurde. Dann fällt manchmal das Licht aus, und die Belüftungsanlage schweigt. Eine Kerze wird angezündet. Wenn sie ausgeht, weiß man, dass akuter Sauerstoffmangel herrscht. Nicht mehr sprechen, ruhig liegen! Lebendig begraben! – Ich möchte auf einer Sommerwiese sein!

Tagebucheintragung vom 11. Januar 1945

Heute haben sie einen Spion aus dem Nachbarhaus geholt. Es soll ein ganz gefährlicher gewesen sein. Er soll über einen Sender militärische Geheimnisse über Flakstellungen und Rüstungsanlagen um Berlin nach England gefunkt haben. Das hat die Portiersfrau uns später erzählt. Sie sagte auch, dass sie seit längerem im vierten Stock aus der leerstehenden Wohnung der evakuierten Familie Lewski Geräusche gehört habe. Aber sie habe immer gedacht, das seien Ratten. Als sie einmal Schritte hörte, habe sie gedacht, da verstecke sich vielleicht so ein armes Schwein, das irgendwo ausgerückt ist, oder einer von den Lewskis sei nach Hause gekommen, um Sachen zu holen. Wenn sie gewusst hätte, dass da ein Spion sitzt! - Alex, ihr krummbeiniger Mann, stieß sie an: ‚Halt endlich den Mund!' Frieder und ich kamen aus unserem Haus und sahen ein Auto mit laufendem Motor auf der Straße stehen. Dann ging die Haustür des Nebenhauses mit einem Ruck auf, und heraus traten fünf Männer. Der erste kam rückwärts heraus und zerrte den zweiten am Mantel. Zwei andere hielten ihn an den Armen fest. Der fünfte stieß ihn wütend von hinten. Der Mann, den sie festhielten, hatte keinen Hut auf und ganz zerzauste Haare. Er sah wild um sich, schrie und wollte sich losreißen. Da zog einer der Männer eine Pistole, fasste sie am Lauf und schlug sie dem Schreienden auf den Kopf. Der Mann sackte zu Boden, bekam ein paar Fußtritte und wurde ins Auto gezerrt. Zwei der Männer liefen ins Haus zurück und riefen den Umstehenden drohend zu: „Gehen Sie weg! Hier gibt es nichts zu sehen! Der Mann ist ein gefährlicher Volksschädling." Wir wichen etwas zurück, aber keiner ging weg. Die Männer kamen mit einer Kiste und einem Bündel zurück. Sie sprangen ins Auto und fuhren schnell davon.

Tagebucheintragung vom 5. Februar 1945

Wir leben noch, gerade so!

Es war ein strahlend sonniger Tag, als am frühen Vormittag des 3. Februars Voralarm gegeben wurde. Wir ließen alles stehen und liegen und liefen zum Dresdener Bunker. Jörgi ist jetzt mein Luftschutzgepäck, denn bei Alarm den Kinderwagen zu nehmen, ist bei dem Gedränge am Bunkereingang glatter Blödsinn. Jörg und ich sind gut auf einander eingespielt. Ich halte ihn an mich gedrückt, seine Beinchen hängen rechts und links an meiner Seite herunter, seine Arme umklammern meinen Hals, sein Gesichtchen hält er dicht an meinen Körper. Meine verschränkten Arme bilden eine Art Sitz, der seinen Körper abstützt. So kann ich den Dreijährigen, der mir recht schwer wird, eine ganze Weile tragen, denn herunterlassen darf ich ihn nicht. Er könnte verloren gehen oder totgedrückt werden. Er sitzt immer ganz still und weint nie, auch am 3. Februar nicht.

Wir rannten also zum Bunker. Es war schon Vollalarm, als wir in einer Menschenmenge immer noch vor dem Eingang standen. Nur langsam schob sich die Schlange vorwärts. Ordner hielten eiserne Disziplin. Frauen mit kleineren Kindern wurden vorgezogen. Als wir endlich die Treppe hinuntergingen, hörten wir schon das dunkle, schwere Brummen vieler Flugzeugmotoren und die Wut- und Angstschreie der noch auf der Straße Stehenden.

Immer weiter wurden wir den Hauptgang entlanggeschoben, von dem rechts und links Räume abgehen, in denen nur ein paar Holzbänke und Hocker stehen. Diese Räume waren schon von Menschen überfüllt, die meistens auf ihren Koffern sitzen mussten. Viele hatten wie üblich noch ein Kleiderbündel und eine Akten- oder Handtasche auf dem Schoß oder ihre Kinder. Die ganz Eifrigen hatten sogar ihre Volksgasmaske umgehängt. Hinter uns hörten wir es klirren und schreien. Der Bunker war voll. Bei den ersten Einschlägen machen sie aber sowieso die Türen zu. Die Ausgesperrten schrieen in Panik. Eine Stimme rief über Sprachrohr: „Der Bunker ist überfüllt. Bitte verteilen Sie sich auf die umliegenden Hauskeller! Räumen Sie die Straße! Ruhe bewahren!" Wir hatten uns noch in einen der Räume hineingedrängt. Ich erzählte Jörgi die Geschichten aus dem ‚Struwwelpeter', die ich auswendig konnte. Frieder hörte auch zu.

Dann kamen die Detonationen näher. Das Brummen der Motoren hörten wir hier unten nicht, nur die nahen Einschläge. Frieder steckte den Kopf unter Mamas Mantel. Die Gespräche im Raum hörten auf. Mehrmals zitterte die Erde. Dumpfe Aufschläge, Prasseln. „Heute sind wir dran", sagte eine Stimme. Dann ging das Licht aus. Das Summen der Belüftungsanlage verstummte. Leute kreischten auf. Dann wurde es sehr still. Die Lautsprecher schwiegen. Irgendwann kam die Parole durch: ‚Keine Gefahr mehr, Entwarnung!' Die übliche Unruhe des Aufbruchs machte sich bemerkbar, aber dann rührte sich nichts. Die im Hauptgang aufgestanden waren, brüllten nach vorn: „Warum geht es nicht vorwärts?" Dann breitete sich die Nachricht aus: 'Wir sind verschüttet. Ganze Häuserblocks müssen auf den Eingängen liegen.' Eine Sprachrohrstimme näherte sich: „Bewahren Sie absolute Ruhe! Der Bunker hält. Aufräumkommandos sind bereits dabei, die Eingänge freizulegen."

Die Zeit schlich dahin. Hysterische Schreie wurden laut: „Ich kriege keine Luft mehr! Ich bin herzkrank." – „Lasst euch nichts vormachen! Wir kommen hier nicht mehr raus!" – „Seien Sie still, verbrauchen Sie nicht unnötig Sauerstoff!!" – „Pusten Sie die Kerze aus!" – „Alles für Großdeutschland!" – „Ruhe, pst!" – „Ich muss hier raus!" – „Rate mal, wer noch!"

Frieder weinte in Mamas Schoß. Jörgi war noch dichter an mich herangekrochen und nuckelte still am Daumen. Ich spürte die saugenden Bewegungen seiner Lippen. ‚Zum Ausgang', dachte ich. Behutsam erhob ich mich und flüsterte Mama meine Absicht ins Ohr. Sie nickte. Klein und dünn tastete ich mich aus dem Raum in den Hauptgang vor. Hier und da brannte eine Taschenlampe. Mit großer Geduld wartete ich manchmal, bis der mir im Wege Stehende seine Stellung veränderte, so dass ich unauffällig die kleinste Lücke ausnutzen konnte, um an ihm vorbeizukommen. Oft wurde ich angefahren: „He, drängle nicht so, wir wollen hier alle raus!" Dann lauerte ich wieder auf einen Moment der Unaufmerksamkeit und war vorbei. Jörgi war wie ein junges Eichhörnchen, das sich von seiner Mutter durch die Baumwipfel tragen lässt. Ein schlechter Vergleich, was Luft und Sonne betrifft. Jedenfalls passte er sich meinen Bewegungen an und klammerte sich lautlos fest. Ich war sein Schutz vor der Dunkelheit und den vielen Leuten. Für mich war er der Schatz, den ich retten musste und nie hergeben würde. Er musste wieder ans Licht. Als erster sollte er an die frische Luft. Ich konnte mir ungefähr das Gedränge vorstellen, wenn es losgehen würde. Vielleicht würden dann schon einige erstickt sein. Und kleine Kinder sind empfindlich.

Es gelang mir tatsächlich, ganz nach vorn zu kommen. Ich sah beim Licht einer großen Karbidlampe den Bunkerwart und die Ordner lauschend nach oben schauen. Sie winkten mich zurück, und ich machte eine scheinbare Rückwärtsbewegung und kauerte mich neben der Absperrung an die Wand. Neben mir lag eine bewusstlose alte Frau. Zwei röchelnde Asthmatiker pusteten sich etwas in den Mund, was aber nicht zu helfen schien. Mich ließ man da sitzen. Vielleicht dachte man, ich sei auch krank.

Ich weiß nicht, nach wie langer Zeit wir es über uns scharren und klopfen hörten. Die Ordner schlugen mit Feuerwehrbeilen gegen den durch das eingedrückte Tor eingedrungenen Schutt. Sie wollten den Aufräumern draußen zeigen, wo sie genau den Eingang suchen mussten. Bald war eine Spitzhacke zu sehen und kurz darauf steckte ein schwitziges, von Staub bedecktes Gesicht seinen Kopf zu uns herein. Das Loch wurde zu einem schmalen Durchgang erweitert. Jörgi und ich waren tatsächlich die ersten, die ans Tageslicht gebracht wurden.

Draußen schien die Mittagssonne erstaunlich warm für diese Jahreszeit. Vielleicht heizten die Bomben uns ein. Seit dem Alarm waren erst wenige Stunden vergangen, obwohl sie mir endlos erschienen waren. Ein paar Luftminen hatten in der Dresdener Straße mehrere Häuser aufgerissen, die sich dann beim Auseinanderbrechen auch auf die Bunkereingänge gelegt hatten. Ich kletterte über die Trümmer hinweg und setzte mich in der Luckauer Straße auf einen Bordstein und wartete auf Mutti. Ich genoss die frische Luft und atmete tief durch. Jörgi saß noch immer unbeweglich auf meinem Schoß. Auf dem Heimweg immer dieselbe Frage: Steht unser Haus noch? – Ja, auch diesmal wieder. Bis auf die Trümmer vor dem Bunker sah alles ganz harmlos und unverändert aus. Das war ein fürchterlicher Trugschluss, wie sich bald herausstellen sollte.

Tagebucheintragung vom 6. Februar 1945

Das Allerschlimmste, was ich bisher erlebt habe, begann tatsächlich erst, als wir am 3. Februar aus dem Bunker nach Hause kamen. Frau Urban aus dem dritten Stock klopfte an unsere Wohnungstür und rief: "Kommt zu mir nach oben! Aus den Dächern der Häuser gegenüber schlagen Flammen!"

Wir blickten über das Engelbecken hinweg, der Parkanlage, die in dem Bett eines trocken gelegten Kanals, also tiefer als die Straße lag, auf den Kösterdamm, den Kaiser-Franz-Grenadier-Platz und in die Annenstraße bis in die Altstadt hinein. Tatsächlich! Es war gespenstisch. Der spitze, schlanke Turm der alten Petrikirche brannte lichterloh. Das Balkengerüst stand schwarz und starr zwischen den dunkelrot züngelnden Lohen, bis es plötzlich in sich zusammenbrach. Aus den Dachstühlen der Häuser jenseits des Parks schlugen

Flammen, ohne Alarm, ohne Bomben. Bald brannte die ganze Straße. immer mehr Leute kamen mit ihren Bündeln aus den Häusern und gingen hinunter in den Park und lagerten auf den Bänken.

Wir standen wie angenagelt an den Fenstern, die wir nicht einmal aufzumachen brauchten; denn die Pappen waren überall von dem Luftdruck der Sprengbomben während des Alarms am Morgen herausgefallen. Die Luft wurde brandig und rauchig, der Himmel dunkler. Bald war die Sonne nur noch als fahler Ball zwischen den schwarzen Schwaden zu sehen. Sturmwind kam auf. Ein Sausen und Prasseln wurde hörbar: Feuersturm, den die Bewegung der Flammen selbst erzeugte, erhob sich. Da war der Mensch machtlos. Mutti rief: „Die ganze Innenstadt geht unter! Die Teufel müssen sich das Kanalbett als Grenze genommen haben. Haben wir ein Glück!" – Der Luftschutzwart rief im Treppenhaus: „Nehmen Sie das Nötigste und räumen Sie das Haus! Der Funkenflug wird immer stärker! Das Hinterhaus brennt! Wir versuchen zu löschen!"

Wir rannten in unsere Wohnung. Obwohl wir durch den Park eine gewisse Entfernung von dem Feuermeer hatten, wurde das Atmen immer schwerer. Mutti nahm die Decke von der Chaiselongue, legte ein Federbett und ein paar ziemlich sinnlose Sachen, wie ihr angefangenes Strickzeug, hinein. Ich tat ihren geblümten Kaffeetopf hinzu, den sie von ihrer Mutter hat und heilighält. Herr Heinzmann ordnete an: „Setzen Sie die Gasmasken auf und hängen Sie sich feuchte Decken um! Der Funkenflug ist auf der Straße fast unerträglich!"

Wasser, Strom, Gas gab es nicht, aber in den Luftschutzeimern, die auch in unserer Wohnung gefüllt auf dem Flur stehen mussten, machten wir die Decken nass und vor allem zwei Küchenhandtücher und ein Taschentuch für Jörg, denn dem passt noch keine Gasmaske, und eine Decke ist ihm zu schwer. Ich band ihm das nasse Taschentuch vor das Gesicht und hüllte ihn in die feuchten Tücher; er wollte das nicht. Als ich mir die Gasmaske aufsetzte, fing er an zu schreien. Da ich damit auch nicht mehr Luft bekam, eher weniger, schob ich sie erst einmal auf den Rücken. Es war inzwischen stockdunkel geworden, obwohl es nach der Uhrzeit noch helllichter Tag war. Wir wollten zum Fichtebunker. Die brennenden Straßenzüge warfen ein höllisches Licht rot auf unseren Weg. Wir stolperten über Schläuche, denn Aufräumtrupps versuchten, die noch nicht brennenden Häuser an der Grenze des Feuermeeres zu schützen. Wir tasteten uns um Absperrungen herum, wo man Blindgänger ausgemacht hatte, die jeden Moment explodieren konnten. Mein Atem ging keuchend, es kratzte furchtbar im Hals. Jörgi ließ jetzt alles mit sich machen. Er war wie eine erschreckte Puppe mit weit aufgerissenen Augen. Mutti und ich schlugen uns immer wieder gegenseitig mit den feuchten Tüchern die aufglimmenden Funken von Kopf und Kleidern und eilten weiter durch Hitze, Rauch und Dunkelheit. Die Menschen um uns wirkten wie schwarze Schatten oder Teufel vor dem rotschwarzen Hintergrund. So musste die Hölle aussehen. Der Schwefelgeruch passte dazu. Mutti schleppte schwer an ihrem Bündel und Frieder trug brav das wichtige rote Lederköfferchen. Kottbusser Tor, Admiralstraße, Grimmstraße, langsam ließen wir das Feuermeer hinter uns. Hier waren mehr Sprengbomben und Luftminen gefallen. Man versuchte an die Keller heranzukommen, um die Verschütteten herauszuholen.

Noch nie war ich so froh, als ich endlich in meinem Bunkerbett lag. Im Bunker funktionierte sogar die Wasserleitung, sodass wir uns notdürftig den Ruß hatten abwaschen können, aber der Brandgeruch haftete in Haaren und Kleidern. Mutti sagte: „Wenn die heute Abend wiederkommen, brauchen sie keine Weihnachtsbäume abzuwerfen. Berlin ist hell erleuchtet."

Und sie kamen; aber nicht mit Stabbrandbomben und den teuflischen Phosphorplättchen, die sich selbst entzünden, sondern mit Sprengbomben und Luftminen.

Am nächsten Morgen war es hell, aber die Sonne lag immer noch hinter gelblichen Schleiern. Brandgeruch überall, aber wir konnten wieder freier atmen. Ausgebrannte vierstöckige Fassaden. „In den leeren Fensterhöhlen wohnt das Grauen, und des Himmels Wolken schauen hoch hinein", sagte ich die passenden Zeilen aus Schillers ‚Glocke' vor mich hin, als an der Waldemarbrücke die Gespensterstadt so richtig vor uns lag. „Sei still"; herrschte Mutti mich an, „das ist kein Gedicht, das ist Wahnsinn!" Noch um eine Ecke mussten wir, um zu sehen, ob wir jetzt auch ausgebombt waren. Vielleicht war ja das Löschen gelungen.

Unser Haus stand noch. Wir hatten noch ein Dach über dem Kopf. Ich vernagelte die Innenfenster neu, Mutti machte Feuer in der Kochmaschine. Wir hörten, dass die Berliner Innenstadt fast völlig vernichtet worden sei. Beim Feuersturm in den engen Straßen Alt-Berlins, zum Beispiel in der Stallschreiberstraße, sind die Leute auf der Straße verkohlt, als sie die brennenden Häuser, in deren Kellern sie zu lange gesessen hatten, verließen. Ganz zusammengeschrumpft sahen die Leichen aus. Ich kann das gar nicht mehr aufschreiben.

Tagebucheintragung vom 12. Februar 1945

Die Ostarbeiter singen nicht mehr. Es waren wohl viele Russen dabei, denn sie sangen so melodisch und traurig, so ganz auf russische Art. Sie waren in einem der vielen Hinterhöfe des Telefunkenhauses untergebracht, das neben unserem Haus liegt und sich bis zur Adalbertstraße hinzieht und teilweise ausgebrannt ist. Mutti sagt, die haben auch ein schweres Leben und bekommen wenig zu essen. Ostarbeiter stehen oft in dunklen Ecken von U- und S-Bahnunterführungen und wollen Schwimmseife gegen Brot tauschen. Von der komischen leichten Seife, die nicht schäumt, haben wir selber genug. Neulich schickte mich Mutti wieder mit Brotmarken zurück, nachdem wir erst ohne hinzugucken an der armseligen Gestalt vorübergegangen waren. Das haben wir schon öfter so gemacht. Ich drücke ihnen ganz schnell die Marken in die Hand und verschwinde. Man weiß ja nie, von wem man beobachtet wird.

Tagebucheintragung vom 20. März 1945

Am 18. März war die Einsegnung von Gisa. Sie wohnt in Pankow mit ihrer Mutter und den beiden Brüdern ihrer Mutter, die eine Uniformschneiderei haben, groß und fett sind und nicht in den Krieg müssen. Mit Gisa ging ich in Neuruppin zur Schule. Ich saß neben ihr, ich fand sie ganz lieb, wenn auch ein bisschen vertuttelt und begriffsstutzig. Dafür konnte sie aber nichts, sondern nur ihre Mutter. Die behandelt sie nämlich wie ein Baby. Zu mir sagte sie: „Ach, ich bin ja so dankbar, wenn du dich ein bisschen um Gisa kümmerst. Vielleicht wird sie dann auch selbständiger." – So ein Quatsch, wie soll denn einer selbständig werden, wenn man sich dauernd um ihn kümmert. Nicht einmal die Haare kämmt sich Gisa allein. Die Mama macht ihr eine Kleinkinderfrisur mit bunten Spangen, die überhaupt nicht mehr zu ihr passt; denn sie ist mindestens einen Kopf größer als ich und um die Hälfte breiter.

Also am 18. März war die Einsegnung in Berlin Pankow. Ich kam in eine riesengroße, pikfeine Wohnung mit richtigen Fensterscheiben und schönen, alten Möbeln. Schon das Treppenhaus mit Marmorstufen, Spiegeln und Fahrstuhl war sehr vornehm. Unsere Klassenlehrerin in Neuruppin, die Berlinerin ist und in Pankow wohnt, war auch eingeladen. Aha, dachte ich, darum wurde Gisas manchmal recht auffällige Dummheit ungewöhnlich milde beurteilt. Aber Fräulein von H. war bei allen Schülern immer sehr zurückhaltend mit scharfem Tadel. Sie hat nie jemanden persönlich gekränkt, dazu war sie zu vornehm. Vom Gottesdienst zurück, nahmen wir an der reich gedeckten Tafel Platz. Da gab es Sachen, die ich noch gar nicht kannte, Hirschbraten und Rinderzunge, viele Gemüsesorten und Salate und Kompotts, Konfekt und Bonbons. Ich habe viel zu viel gegessen, aber sie ermunterten mich dauernd, und ich hatte nicht die Kraft, gut erzogen zu sein. Nach dem Essen steckte sich Fräulein von H. eine ganz schwarze Zigarre an. Sie bat mich, meinen Mitschülerinnen nichts von ihrer kleinen Schwäche zu verraten. Ich versprach es leicht; wer weiß, ob ich je eine von ihnen wiedersehen würde.

Als es so richtig gemütlich wurde, kam Fliegeralarm. Es wurde der erste große Angriff auf Pankow, das bisher noch nicht viel abbekommen hatte. Das Haus hatte einen guten Luftschutzkeller, hoch und abgestützt durch Betonpfeiler, aber hellhörig. Ich bin an Bunkerverhältnisse gewöhnt, wo man nicht soviel wahrnimmt. Aber hier: Das dunkle Surren der starken Motoren, das sich zum Gedröhn steigert, wenn die Flugzeuge zum Sturzflug ansetzen, das Ausklinken der Bomben, das Warten auf die Detonation. Hörst du sie, ist das Schlimmste vorbei. Die nächste Welle fliegt an, Sturzflug, Ausklinken. Die Einschläge mussten dicht um uns herum liegen. Die Erde bebte, Mörtel rieselte von der Decke. Gisa lag mit dem Kopf auf dem Schoß ihrer Mutter, ihre Finger in deren Mantelärmel verkrallt. Die Mutter beugte sich so dicht über Gisa, dass sie sie mit ihrem Oberkörper fast bedeckte. Fräulein von H. lehnte mit geschlossenen Augen in einem hochlehnigen, alten Sessel. Da schloss auch ich die Augen und betete stumm in mich hinein, das machte mich ruhiger: „Lieber Gott, lass' uns heil hier herauskommen. Hoffentlich hat Mutti es in den Bunker geschafft. Beschütze uns alle, bitte!" - Und wieder und immer wieder das Aufheulen der Motoren beim Ansetzen zum Sturzflug und das entsetzliche metallische Geräusch des Ausklinkens der Bomben und dann das atemlose Warten auf die Einschläge.

,Was denken sich bloß die Piloten dabei? Sie müssen doch deutlich sehen, dass hier nur Wohnhäuser stehen. Sind das alles so große, nette Männer wie die gefangenen Engländer in Pakosch oder unsere Flieger? Sind das alles Mörder auf Befehl? – Ich will raus aus diesem Keller!' Das waren so meine Gedanken.

Die Entwarnung kam. Stumm verließen wir den Keller. Mörtelstaub und Glassplitter lagen auf den teuren Teppichen des Wohnzimmers. Kalt wehte es durch die offenen Fenster herein. Verstört saßen wir um den festlichen Tisch. Eine sorgsame Hand hatte zwar die herrlichen Torten und Kuchen zugedeckt, aber sonst sah die Tafel reichlich ramponiert aus. Keiner schien Appetit zu haben. Fräulein von H. sprang auf. Sie wollte nach Hause, um zu sehen, ob sie noch ein Zuhause hatte. Der eine Onkel drehte am Radio und hörte nichts, dann bekam er über Drahtfunk Meldungen über die Lage in Berlin: Öffentliche Verkehrsverbindungen in Richtung Heimat gab es für mich heute nicht mehr. Der andere Onkel wollte mich mit seinem Auto nach Hause bringen. Es wurde eine lange Fahrt, denn oft waren Straßen wegen Blindgänger oder durch Schutt gesperrt. Das ganze nördliche Berlin war betroffen. Ich sah wenige Brände, umso mehr Trümmerhaufen. Schwere Bomben und Luftminen waren hauptsächlich abgeworfen worden. Wo eine Luftmine richtig trifft, braucht keiner mehr nach Überlebenden zu suchen. Ich hielt den Atem an, als wir um die letzte Ecke bogen. Ja, es stand noch! Aber war Mutti auch da? – Ja! Alles in Ordnung! Der Onkel lieferte mich ab, und an ein Kuchenpaket hatte er auch gedacht. Solch einen Onkel könnten wir auch gebrauchen.

Tagebucheintragung vom 24. März 1945

Heute habe ich ihn wieder getroffen. Er lehnte sich an die Mauer des Bodelschwingh-Hauses und ließ sich die warme Frühlingssonne ins Gesicht scheinen. Dünn ist er und sein weißes Haar ist lang und auch sein Bart. Der gelbe Stern auf seinem Mantel ist von seinem Arm halb verdeckt.

Hier ist es einsam um die Mittagszeit. Ich treffe selten jemanden, wenn ich zum Unterricht in die Thomaskirche, das heißt ins Gemeindehaus gehe, denn die Kirche ist ausgebrannt. Ich grüßte ihn mit einem freundlichen Kopfnicken. Er guckte erstaunt. Erkannte er mich nicht mehr? Es ist schon ein Weilchen her, als ich ihn auch hier traf und ihm seinen Stock aufhob. Damals lächelten wir uns an. Ich habe öfter an ihn gedacht, denn es ging so eine traurige Würde von ihm aus, die mich anrührte. Er ist der einzige Jude, den ich kenne. In der Volksschule hatten wir die stille Eva. Da war ich einmal eingeladen. Sie wohnte in der Waldemarstraße. 1938 ist sie mit ihren Eltern nach London gezogen. In derselben Klasse war auch Inge. Die war nun allerdings ganz anders. Rotzfrech zu Lehrern und Mitschülern. Die riss jeden einfach hinterrücks an den Haaren, einfach so. Das war eine richtige Berliner Straßengöre, sie hatte eine Menge kleiner Geschwister und wohnte in einer Kellerwohnung in unserer Straße. Eines Tages kam sie nicht mehr in die Schule, und die Kellerwohnung war leer. Mutti sagte, die Familie sei umgesiedelt worden, weil es Juden gewesen seien. – Ich würde gern einmal mit dem alten Mann sprechen.

Ich erinnere mich daran, dass vierzehn Tage nach Gisas Einsegnung meine eigene war. Darüber schrieb ich aber nichts in mein Tagebuch, denn dieser Tag war lange Zeit ein schmerzhafter Punkt in meinem Leben. Einmal, weil ich unter dem Mangel an Anteilnahme und Liebe sehr gelitten habe, zum anderen, weil ich mich schämte, dass ich darunter gelitten habe.

Mein Einsegnungstag verlief so ganz anders als der von Gisa: Keine Gäste. Das schwarze Kleid, das Mutti mir nähen wollte, lag zugeschnitten auf der Nähmaschine. In die Kirche ging Mutti auch nicht mit, weil sie meinte, es von dort mit den Jungens bei Alarm nicht in den Bunker zu schaffen. Ich zog mir meinen schäbigen, immerhin schwarzen Wintermantel an, nahm das kleine Gesangbuch und ein weißes, leicht vergilbtes Spitzentaschentuch, auf dem das Wort ‚Konfirmation‘ eingestickt war und ehemals meiner Großmutter gehörte, die meine Patin war, aber schon starb, als ich ganz klein war. Ich lief den Felsendamm entlang bis zur Kapelle des Bethanienkrankenhauses am Mariannenplatz. Ich war schon etwas verwundert gewesen, dass Mutti so gar kein Aufheben von meiner Einsegnung gemacht hatte, aber als ich die Kapelle betrat, wäre ich am liebsten unsichtbar gewesen. Ich stand zwischen lauter aufgeputzten Konfirmanden, die in Begleitung ihrer Angehörigen erschienen waren. Die Mädchen trugen alle Blumensträuße mit Tüllschleifen in den Händen. Ich schämte mich. Mehr als fünfzig Konfirmanden standen vor dem Altar. Zu meiner Erleichterung wurden wir nicht einzeln nach vorn gerufen, sondern konnten an unseren Plätzen bleiben, denn wir wurden pauschal abgefertigt. Es musste schnell gehen, weil die Sirenen jeden Augenblick die Feier unterbrechen konnten. Ich versuchte mich auf die Predigt zu konzentrieren. ‚Jesus war auch arm‘, tröstete ich mich. Als der Segen gesprochen war, begannen die Gratulationen. Die Konfirmierten nahmen die Umarmungen, Sträuße und Pakete entgegen. Keiner stand allein. Ich fühlte mich grenzenlos verlassen. Ich lief zum Pfarrer, den ich kaum kannte, nannte meinen Namen und ließ mir mit einem Händedruck meinen Konfirmationsschein geben. Ich drückte mich schnell aus der Kapelle und schlich schluchzend an der hohen Mauer des Bethanienkrankenhauses entlang nach Hause. Ich fühlte mich ungeliebt und grollte meiner Mutter. Papa hätte mich nie so allein gelassen. Die Straße war menschenleer. Es war ein regnerischer Tag. Im Hausflur traf ich die Portiersfrau. Die guckte auf das Gesangbuch und das zerknüllte Taschentuch: „Wat denn, du bist heute injesegnet worden? Hat mir keener wat jesagt! Ick hätt’ dir doch een Blumentopp hochjeschickt.“ Ich nickte und rannte heulend die Treppe hoch. Mutter öffnete lachend: „Da ist ja unsere frisch Gesegnete!“ Ich schob sie beiseite und schloss mich auf der Toilette ein. Da saß ich im Dunklen und versuchte, mich zu fassen. Ich hörte Frieder fragen: „Mama, was hat sie denn?“ – „Weiß ich doch nicht“, antwortete Mama mit ärgerlicher Stimme. Frieder bummerte gegen die Tür: „Helga, komm’ heraus, wir wollen endlich den Kuchen essen!“ – „Esst ihn doch auf!“ schrie ich zurück. Allmählich beruhigte ich mich. Ich kam aus dem fensterlosen Kabuff und stellte mich im Wohnzimmer ans Fenster. Trotz und Härte ebbten ab. Dann schlich ich mich in die Küche und wusch mir das Gesicht mit kaltem Wasser. Zögernd ging ich ins Kinderzimmer, wo die drei um den mit Wachstuch bedeckten Tisch saßen und den Sonntagskuchen aßen, den Mutter sowieso jede Woche buk. Zwei Alpenveilchentöpfe standen auf dem Tisch. „Bumen für Helga“, krähte Jörg. – „Der eine ist von uns, den anderen schickte Frau Dühring herunter. Dafür musst du dich morgen bedanken“, sagte Mutter. Ich setzte mich an den Tisch und stocherte in meinem Kuchenstück herum, und schon wieder kamen mir die

Tränen. – „Was hast du bloß?", fragte Mutter ungeduldig. Sie war eine herbe Frau. Sie fand, ich sei schon zu groß für Zärtlichkeiten, wenn sie mit den Kleinen schmuste. Sie erwartete, dass ich immer vernünftig sein und ihr helfen sollte. Das wollte ich ja auch, aber sie verstand nicht, warum ich jetzt so enttäuscht war. So weit her war es denn doch noch nicht mit meiner inneren Unabhängigkeit. Ich beneidete sogar Gisa, über deren kindische Unselbstständigkeit ich immer gelächelt hatte.

Wenn ich jetzt so darüber nachdenke, glaube ich, dass Mutti einfach keine Kraft mehr hatte. Sie hatte keine Verwandten in Berlin. Sie stand mit den Kindern völlig allein da und tat alles für sie, was ihr leibliches Wohl betraf: Nicht nur ihre Schnaps- und Zigarettenrationen tauschte sie gegen Lebensmittel ein, sondern sogar ihre Bohnenkaffeezuteilungen. Aus jedem Fetzen nähte sie noch ein ordentliches Kleidungsstück für uns. Vor allem in der Nachkriegszeit, als das Hungern lebensbedrohlich wurde, teilte sie die schmalen Rationen so genau ein, dass immer wenigstens ein bisschen zu essen da war.

Es folgen lückenhafte Tagebucheintragungen, die kein genaues Datum tragen

Als heute Vormittag über Drahtfunk der Anflug von Jagdbombern auf die Reichshauptstadt gemeldet worden war, rannten wir zum Bunker in der Dresdener Straße. Mutti und Frieder hatten die Waldemarbrücke bereits überquert und waren zwischen den schützenden Häusern auf der anderen Seite verschwunden, während ich mit Jörg noch an der niedrigen Parkmauer entlang auf die Brücke zulief. Wir waren ganz allein, weit und breit war kein Mensch zu sehen. Plötzlich Motorengeräusch. Ein Jabo brauste heran und flog immer niedriger direkt auf mich zu. Ich stolperte und kroch dicht an die Parkmauer und drückte Jörgs Kopf tief herunter. Maschinengewehrfeuer prasselte vor uns auf, dass der Sand herumspritzte. Das Flugzeug zog hoch und flog einen weiten Bogen. Ich sprang auf und rannte auf die Brücke zu. Als ich fast drüben war, kam der Jabo zurück und raste wieder auf uns zu. Ich sah eine Gestalt in der Kanzel hocken, erkannte eine braune Lederkappe und eine große Brille. Und schon schoss er auf uns. Ich rannte wie ein Hase, hinter dem die Hunde her sind. Neben mir und hinter mir peitschten die Garben auf das Pflaster. Im Schutz eines Hauseingangs ließ ich mich fallen. Das Flugzeug drehte ab. Mutti kam schreiend zurückgerannt. Sie hatte alles beobachtet. Mit zitternden Händen tastete sie an uns herum. Der Dresdener Bunker war fast leer, denn für die leichten Jagdbomber reicht eigentlich der Hauskeller. Ich legte mich auf eine der Holzpritschen und blieb lange wie tot liegen. Ich dachte an gar nichts. Mutti wiegte Jörg in ihrem Arm, bis er einschlief. Sie empörte sich: „Jetzt machen sie schon Jagd auf Kinder, was sind das bloß für Menschen!" – Ein alter Mann, der neben uns auf seinem Bündel saß und einen Krückstock auf den Knien hielt, schüttelte den Kopf: „Der hat nicht treffen wollen, sonst hätte er sie glatt umgemäht mit seinem Bord-MG. Ich war von 1914 bis 1918 dabei, war selbst MG-Schütze. Ich weiß wovon ich spreche."

Eine dünne, blasse Frau mit vier mageren Kindern sagte hart und spöttisch: „Das ist vielleicht so eine Art Sport, was? Kinder zu Tode zu ängstigen. Nett von ihm, dass er daneben geschossen hat!"

Als wir abends im Fichtebunker ruhig in unseren Betten lagen, meinte Mutti auch, dass es keinen Zweck habe, vor den Jabos in den Bunker zu rennen, weil sie zu schnell sind und nur leichte Bomben haben.

Als ich gerade eingeschlafen war, holte mich die Lautsprecheransage aus dem Schlaf und teilte mit, dass Fliegeralarm sei, und wir die Türen öffnen sollten. Eine Familie mit zwei Kindern füllte unsere Kabine bis zum Rand. Der Mann saß auf seinem großen Koffer und hielt auf seinem Schoß einen würfelförmigen Block von etwa 40 cm Kantenlänge, der in ein Tuch eingehüllt war. Der große, rotgesichtige Kerl redete ununterbrochen; er war sehr aufgeregt: „Wisst ihr, wat dett hier ist? Da kommt ihr nie druff! Dett is echtes Marzipan." Er schlug das Tuch zurück. - „Wo ick dett herhabe?" – Er machte eine Pause und guckte sich triumphierend um, bis seine Frau sagte:

„Mach' es doch nicht so spannend, lass' es raus!" – „Nu gut! Die
SS will Karstadt am Herrmannplatz sprengen. Da durfte man sich
vorher noch was aus den Lagerkellern holen. Watt es da noch alles gab! Ick war vielleicht von ne Socken! Jede Menge Spirituosen!
Die sollen den Russen nicht in die Hände fallen. Drei Fläschchen
habe ick mitjenommen, aber dett hier war mir wichtiger. Gegen den
Durst kannste immer noch Wasser saufen, aber zu prepeln find'ste
so schnell nischt. Also ick habe mir dett Marzipan gegriffen und
mich schnell verdrückt. Man weeß ja bei die Brüder nie genau, wat
Sache is. Erst lassen se einen watt einpacken und dann kommt een
janz Scharfer und hängt dir als Plünderer an die nächste Laterne,
wa." Der Mann holte selbstzufrieden ein altes Taschenmesser hervor, öffnete es langsam, wischte mit der Klinge zweimal über seinen
Mantelärmel und schnitt sich einen beachtlichen Brocken Marzipan
herunter. Er beißt hinein und bemerkt kauend: „Mmmmm, dett is
noch Friedensware!" – „Was, schon so alt?" rutschte es mir heraus. Ich hatte gebannt, wie die anderen Kinder und wohl auch die
drei Frauen es taten, seinem Gehabe zugeschaut und selbstverges-
sen mitgekaut. Endlich stellte er die erlösende Frage: „Na, wollt' ihr
ooch'n Stück?" Ich jedenfalls nickte eifrig mit dem Kopf. Er schnitt
recht gemächlich Scheibe um Scheibe ab, und er war nicht kleinlich.
Er spießte jede Scheibe auf die Spitze seines Messers und reichte sie
uns, einem nach dem andern. Er gab sogar noch eine zweite Runde aus. Entwarnung! Spärliches Licht kam über die Notstromanla-
ge. Die ‚Gäste' verließen den Bunker. Wir öffneten die Kabinentür
weit, um Sauerstoff hereinzulassen. Die Luft wurde allmählich besser, denn die nach draußen führenden Türen waren jetzt weit offen. Über die Treppenschächte drang die kalte Nachtluft merklich
bis ins oberste Stockwerk. Mutter machte zur Probe die Kerze an.
Sie brannte ruhig und mit großer Flamme. Wir kamen langsam zur
Ruhe. Ich steckte den Kopf unter die Bettdecke und kaute fast glücklich an dem zweiten Marzipanstück, das ich mir extra für diese Zeit
kurz vor dem Einschlafen und so ganz für mich allein aufgehoben
hatte. Den Marzipanmann sahen wir nie wieder, obwohl wir uns für

die nächste Nacht verabredet hatten. Er wollte auch für jeden etwas Süßes mitbringen. Der Alarm kam, aber er nicht. Wer weiß, was ihn hinderte?

April 1945

Die Russen sind nicht mehr weit von Berlin. Es wird kein Alarm mehr gegeben. Die Flugzeuge sind ja da, bevor die Sirenen ausgeheult haben. Wir trauen uns auch nicht mehr, den weiten Weg in den Fichtebunker zu machen. Seitdem die Fabrik nebenan nicht mehr arbeitet, können die Bewohner der umliegenden Häuser die größeren und sichereren Fabrikkeller benutzen.

Wir wohnen jetzt also im Keller des Telefunkenhauses. Eigentlich sind es viele Keller hintereinander. Der Komplex dehnt sich in Richtung Adalbertstraße weit aus. Einige Gebäude sind auch schon zerbombt. In einem der Innenhöfe haben sich die Kellerinsassen aus Mauersteinen eine Feuerstelle zusammengelegt. Da können wir uns mal eine Konservenbüchse heiß machen. Wir haben uns im vordersten Keller drei lehnenlose lange Holzbänke zusammengeschoben und Matratzen und Bettzeug draufgelegt, denn die Keller sind sehr kalt. Sie sind auch dunkel, denn es gibt keinen Strom. Manchmal brennt an einem Akku eine winzige Glühbirne, manchmal flackert ein armseliges Hindenburglicht vor sich hin. Mitunter kommen Parolen durch: „Bei Kaufmann Frisch gibt es Kartoffeln und Konserven!" oder „Der Bäcker in der Adalbertstraße hat Brot!" Dann haste ich mit anderen Leuten los. Ich renne und überhole viele. Mutti bleibt mit den Jungens im Keller.

Es fing ganz leise an. Wir hörten ein Grummeln wie von fernem Donner. Klarer Frühlingshimmel, wo sollte da ein Gewitter herkommen? Es kam mit jedem Tag näher. Artilleriebeschuss!

Ich stand bei Kaufmann Frisch nach Konserven an. Plötzlich schlugen Granaten in Höhe des ersten Stockwerkes ein. Die Menschenschlange spritzte nicht auseinander, sondern wich nur in den

Torweg aus. Die lockenden Konserven hielten Fluchttendenzen in Grenzen, und gegen die gewohnten Bombenangriffe war das Artilleriefeuer nicht besonders aufregend. Ich lernte Deckung zu suchen und die Einschlagentfernungen einzuschätzen. Es erwischte aber doch schon manchen. Ich höre noch die Frau schreien, die einen Splitter in den Bauch bekam. Plötzlich war sie still. Auf der Waldemarbrücke traf es zwei Pferde. Sie wurden von Tag zu Tag dicker. Aus ihren Hinterbacken waren große, bratgerechte Fleischstücke herausgeschnitten. Schwärme von grün schillernden Aasfliegen erhoben sich, wenn man vorbeiging.

Wir haben schon lange kein Leitungswasser mehr. Die nächste Pumpe, die funktioniert, befindet sich im Marienstift am Michaelkirchplatz bei den Nonnen. Mal geht Mutti, mal gehe ich einen Eimer Wasser holen. Sowie eine Feuerpause eintritt, rennen die Leute aus den Kellern und bilden eine lange Schlange. Gestern geschah etwas Entsetzliches. Ich stand mit Frieder in der Reihe ohne Deckung mitten auf der Straße. Ungefähr 50 Leute waren noch vor uns. Direkt vor uns stand ein älterer Mann, der nur einen Arm hatte. Plötzlich fiel er um. Blut lief über sein Gesicht. Er war tot. Eine Rote-Kreuz-Schwester beugte sich über ihn und wurde in den Rücken geschossen. Sie sackte über ihm zusammen. Sie war auch tot. Fast alle rannten in den Schutz ihrer Häuser zurück. Sie schrieen: „Heckenschützen! Scharfschützen! Auf den Dächern sitzen sie! Die Russen sind schon da! Partisanen!" Die Schlange hatte sich aufgelöst. Ich rannte mit Frieder auf das Marienstift zu und pumpte schnell meinen Eimer voll. Die Nonnen waren mit den Toten beschäftigt. In der unsicheren Hoffnung, dass sie auf Kinder nicht schießen würden, hasteten wir, so schnell es mit dem vollen Eimer ging, in den Keller zurück.

Tagelang hatten wir uns nicht mehr richtig gewaschen. Nun ging Mutti vormittags mit Frieder in unsere Wohnung hinauf, machte Feuer in der Kochmaschine und wärmte Wasser. Als sie frischgewaschen und umgezogen wieder in den Keller kam, schickte sie mich mit Jörg hinauf. In der Küche hatte ich gerade Wasser in die

Waschschüssel gegossen und Jörg den Pullover ausgezogen, als es zu rattern und knattern begann und auf unserem Hof ganz nahe eine Detonation und noch eine erfolgte und ein Prasseln wie von dichtem Splitterregen zu hören war. Die Fensterflügel flogen auf, der Waschständer fiel um, Jörg und ich wurden gegen die Wand geschleudert. Wir krochen auf den Korridor, möglichst weit vom Küchenfenster weg. Das Rattern war verschwunden. Die Lust zum Waschen war mir vergangen, aber das warme Wasser tat mir doch leid. Ein bisschen flatterig und nicht sehr gründlich brachte ich das Waschfest zu Ende. Fast mit dem Umziehen fertig, hörte ich es wieder rattern. Es kam schnell näher. ,Jetzt aber raus hier', dachte ich, nahm Jörgi auf den Arm, rannte die Treppe hinunter und kam mit einer Staubwolke, die von einer weiteren Explosion auf unserem Hof herrührte, in unseren Hauskeller gestolpert, eher geflogen. Diese russischen Doppeldecker, die wir wegen ihres Geknatters Kaffeemühlen nannten, hatten je eine Splitterbombe bei sich, die hauptsächlich den Menschen, weniger den Gebäuden gefährlich wurde. Die Angriffe bereiten jetzt den Weg für die russische Infanterie und die Panzer vor, meinte Herr Heinzmann. Das war nicht sehr beruhigend.

Mutti kam aufgeregt in den Keller und war froh, dass sie uns heil wiederfand. Allerdings waren wir schmutziger als vorher, nur dass der Dreck frischer war.

Ich war mit Mutti in unserer Wohnung. Wir haben zwei Bücher aus dem Bücherschrank geholt: ,Mein Kampf' von Adolf Hitler und ,Der Mythos des 20. Jahrhunderts' von Alfred Rosenberg. Ein kleines Führerbild und ein Bildchen von Meyer, alias Göring, nahm Mutti von der Wand. Wir wickelten alles in die Hakenkreuzfahne. Als es dunkel war, bin ich zum Engelbecken hinuntergerannt. Mutti hat mir das Bündel über die Mauer geworfen, und ich versenkte es im Teich. Der Luftschutzwart hatte nämlich zu allen Hausbewohnern gesagt, wir sollten die Russen nicht wütend machen und ihnen solche Sachen vor die Nase legen. Sie würden sonst vielleicht das Haus anzünden oder uns alle totschlagen. Mit den Büchern fand ich es ja etwas übertrieben. Aber mit den Bildern und der Fahne hatte

Mutti ganz recht. Die meisten Leute hatten – wie sich später zeigte – aus ihren Fahnen nur den weißen Kreis mit dem Hakenkreuz herausgetrennt, damit sie gleich eine rote für die Russen hatten. Aber Mutti sagte, sie würde überhaupt keine Fahne mehr heraushängen, nicht einmal eine weiße, also weg damit, es gucke ja doch keiner hin. Beim Wasserholen haben die Leute auch immer weiße Armbinden umgebunden oder mit weißen Handtüchern gewedelt, trotzdem haben die Scharfschützen welche abgeknallt. Ich denke, es muss die Russen eher ärgern, wenn sie überall verblichene Fahnen sehen, in deren Mitte ein frischer roter Kreis leuchtet.

Die Leute hier im Keller erzählen noch immer, dass die Armee Wenk im Anmarsch sei, um die Russen zurückzuschlagen. Zwei erschöpfte, halbtote Volkssturmmänner, ein ganz alter und ein vierzehnjähriger, kamen heute in unseren Keller und brachten die Parole mit, dass sich diese Armee bereits mit den Amerikanern und Engländern vereinigt habe und dass sie jetzt gemeinsam gegen die Russen gehen. Mann, die müssen sich aber beeilen. Mutti sagt sowieso, dass die spinnen.

Heute habe ich im ,Panzerbär', dem Zeitungsersatz und Durchhalteflugblatt, einen Aufruf von Goebbels gelesen. Er ruft Frauen und Kinder auf, sich bis zum Letzten zu verteidigen mit Panzerfäusten und notfalls auch mit Küchenmessern. Mutti sagte: „Das werden wir schön bleiben lassen." Sie meinte, der sei wohl schon verrückt vor Angst und in dessen Haut möchte sie jetzt auch nicht stecken.

Ich sitze hier bei einem blakenden Hindenburglicht auf unseren Matratzen. Mutti sagt, ich solle endlich mit dem Gekritzel aufhören. Ein paar Sätze noch! Wer weiß, ob ich morgen noch lebe. Also die Russen sind da! Es war aber noch keiner bei uns im Keller. Es ist jetzt Nacht. Am Tage hörten wir schwere Panzer vorbeirollen. Gewehrfeuer, manchmal Maschinengewehre lösten das gewohnte Geschützfeuer zeitweise ab. Die Männer, die draußen standen, kamen herein und sagten, Tigerpanzer würden vorbeirollen. - Die beiden Volkssturmmänner sind übrigens hiergeblieben. Wir haben ihnen mit Zivilkleidern ausgeholfen. Ich schlich mich aus dem Keller.

Dicht an die Hauswand gedrückt, schaute ich durch die Toreinfahrt. Wie Nebel lag Rauch und Staub über der Straße. Riesige Panzer rasselten vorbei, blieben kurz stehen, schossen in Richtung Innenstadt über das Engelbecken hinweg und fuhren weiter. Zwischen den Panzern liefen gebückt Soldaten. Sie trugen keine deutschen Stahlhelme. Das waren Russen. Und die Panzer waren keine Tiger, das waren T34. Nur drüben auf der anderen Seite des Parks auf dem Kaiser-Franz-Grenadierplatz stand ein einsamer Tiger und feuerte zu uns herüber. Rechts von ihm an der Annenstraße bewegten sich ein paar Gestalten hinter einer niedrigen Barrikade, die erst gestern gebaut worden war. Das waren deutsche Soldaten oder Volkssturm. Sie hielten Panzerfäuste in den Händen. Der erste T34 schob die Barrikade einfach beiseite. plötzlich schoss eine helle Stichflamme aus dem Tiger-Panzer. Ich sah niemanden, der den Panzer verließ. Er brannte völlig aus.

Einige Artilleriegeschosse schlugen ganz in der Nähe unseres Torwegs ein. Das war unsere Artillerie, die die Russen aufhalten wollte. Wir sind jetzt also hinter der Front, dachte ich gerade, als mich der Luftschutzwart entdeckte und in den Keller zurückscheuchte. Er blieb draußen stehen. Was wird nun, wenn… Mutti hatte mir einfach das Licht ausgepustet.

Die nächste Zeit, die ich aus der Erinnerung schildere, werde ich nie vergessen

Wir krochen angezogen auf unser Matratzenlager. Es flüsterte in dem dunklen Raum. Spannung lag in der Luft. Ich lauschte nach draußen. Irgendwann musste ich wohl eingeschlafen sein, denn als polternde Schritte zögernd näher kamen, schreckte ich hoch und fing an zu zittern. Die Kellertür wurde aufgestoßen; ein Lichtstrahl geisterte durch den Raum. Mutti zischte: „Versteck' dich!" Ich verkroch mich unter der Steppdecke und lugte hinter dem Rücken meiner Mutter hervor, die auf der Bankecke saß und beide Jungen auf dem Schoß hielt. Eine kleine, krumme Gestalt hielt die Maschinenpistole schussbereit in der einen und eine starke Taschenlampe in der anderen Hand: „Soldaten hier?" – „Nein! Njet!" riefen einige Stimmen zurück. Der Russe ging durch den Zwischenraum, der von der Eingangstür bis zur Tür des nächsten Kellers zum Durchgehen freigeblieben war, und leuchtete rechts und links die Bänke und Matratzenlager ab. Dann ging er von einem zum anderen, tastete nach dem linken Handgelenk und kassierte ein paar Armbanduhren. Auch einige Ringe streifte er von den Fingern, wenn er sie im Lichtkegel seiner Lampe aufblitzen sah. Er leuchtete noch in den nächsten vollbesetzten Keller, rief drohend hinein: „Nix Soldaten?" Dann verließ er rückwärts gehend unsern Raum. Weiter passierte in dieser Nacht nichts.

Am nächsten Morgen war die Welt verändert. Die Sonne schien. Die Leute wollten aus den Kellern. Mutti verbot mir strikt, den Keller zu verlassen und mich von irgendeinem Russen sehen zu lassen. Frieder ging hinaus. Ich stand hinter der Kellertür, als alles hinausströmte.

„Kommt heraus, die Russen sind prima! Holt Schüsseln, es gibt was aus der Gulaschkanone", hieß es. Auf dem größten Hof des Fabrikgeländes war Schlachtefest. Eine der Kühe aus dem Kuhstall in der Waldemarstraße verschwand in dem Kochkessel und ergab mit Wasser und Nudeln eine fette Brühsuppe. Mutti, die auch vorsichtig im Hintergrund blieb, schickte Frieder mit der Milchkanne auf den Hof, die er gefüllt zurückbrachte.

Kampfeslärm war nicht mehr zu hören, jedenfalls achtete keiner mehr darauf. Die kämpfende Truppe war längst weitergezogen. Vor unseren Häusern war schwere Artillerie in Stellung gegangen, wohl wegen des freien Blicks über den Engelbeckenpark auf die Stadtmitte. Bis Mittag hatte sie noch gefeuert. Jetzt füllten Kanoniere und Tross Häuser und Höfe. Nachmittags begann der Tumult. Man hörte lautes Singen in fremden, kehligen Tönen, das bald in Grölen überging. Plötzlich rannte Uschi, meine fünfzehnjährige Freundin aus dem Nebenhaus schreiend durch unseren Keller. Ein Russe rannte wütend hinter ihr her. Ihre Mutter rief nach Latso, einem polnischen Fremdarbeiter, der ein Freund der Familie war und russisch sprach.

Beide liefen hinter dem Russen her. Im Lastenfahrstuhl am Ende des Kellertraktes fanden sie die beiden. Es soll dem Polen tatsächlich gelungen sein, den jungen Russen zu überreden, von dem Mädchen abzulassen. Die Russen feierten über uns in den großen Räumen des Erdgeschosses. Immer häufiger kamen sie in Gruppen von zwei oder drei Mann durch die Keller und suchten nach Frauen. Ich lag unter den Kissen unseres Matratzenlagers verborgen, bis ich die kleine Luzie, die ein paar Bänke weiter ebenso versteckt lag, wie wahnsinnig schreien hörte. Ein betrunkener Russe zerrte sie hervor. Die Mutter hieb mit Fäusten auf ihn ein. Er war wohl so verdutzt und derart betrunken, dass er tatsächlich weiter torkelte. Ich rutschte jetzt vorsichtshalber unter die Bänke und lag nun auf dem nackten Steinfußboden. Mutter saß auf dem Rand des Matratzenlagers vor mir. Sie hatte sich furchtbar entstellt. Ein schmutziger Verband lag über ihrem wirren Haar und verdeckte das rechte Auge, das stark entzündet war. Ihre Zahnprothese mit drei künstlichen Vorderzähnen hatte sie aus dem Oberkiefer genommen. Meine ungewaschenen Brüder in den beschmierten Kleidern hielt sie auf dem Schoß. Fast jeder Russe blieb vor ihr stehen und fragte mitleidig: "Malade?" oder dergleichen und versuchte die Jungen zu streicheln, die aber angesichts dieser gespenstigen Atmosphäre bei jeder Annäherung der dunklen, mit Taschenlampen fuchtelnden Gestalten in lautes Geschrei ausbrachen. Ich guckte zwischen herabhängenden Deckenzipfeln und den Beinen meiner Familie hindurch auf die großen, schmutzigen Soldatenstiefel. Fast jede Frau war schon aus dem Keller geholt worden, auch die Freundin eines russisch sprechenden Tschechen, die beide an der gegenüberliegenden Kellerwand kampierten. Ich fürchtete, dass die mein Versteck verraten könnten, weil sie es kannten. Ich zitterte also vor Angst und vor Kälte. Auf den harten eisigen Steinen begann meine Blase zu schmerzen. Ich krümmte mich und konnte trotz anfänglichem verzweifeltem Bemühen den Urin nicht mehr zurückhalten. Die Nässe und die Bodenkälte verschlimmerten die Entzündung schnell, sodass ich die ganze Nacht hindurch unkontrolliert Wasser ließ und jeder Tropfen brennende Schmerzen verursachte. Die Angst vor Entdeckung aber war größer. Ich wusste, dass ich mich wie wahnsinnig wehren würde, wenn man versuchte, mich aus meinem Versteck zu zerren. Es gelang mir nicht, eine schützende Unterlage von oben herabzuziehen. Mein Platz war durch die Beine der Bänke, die Koffer und Päckchen, die ebenfalls verborgen bleiben sollten, so beengt, dass es mir nicht einmal möglich war, mich auszustrecken oder meine Position zu verändern. Ich hielt die Hände ineinander gekrampft und stammelte stumm immer dasselbe: ,Lieber Gott, beschütze mich!' Diese vier Worte kreisten ununterbrochen und monoton in meinem Gehirn. Sie waren das Gerüst, an dem ich mich innerlich festhalten konnte. Ich fühlte mich tatsächlich beschützt, je länger es gut ging. Die Stiefel der betrunkenen Soldaten hätte ich mit den Händen berühren können, ohne die Arme auszustrecken. Keine Sekunde Schlaf kam in meine Augen in dieser entsetzlich langen Nacht.

Gegen Morgen wurde es ruhiger, seltener wurden die Schreie, das Gegröle wich einer unheimlichen Stille. Die Keller leerten sich langsam. Die Leute sagten, dass sie nie wieder in diese Mausefalle gingen. Es war heller Vormittag, als auch wir endlich ans Tageslicht krochen. Ich drückte mich an der Wand der Toreinfahrt an einem riesigen, jungen Soldaten, eher wohl Offizier, vorbei, der da in stolzer Haltung hochaufgerichtet stand. Sein dunkles gelocktes Haar fiel ihm in die Stirn. Er war in einen dunkelblauen Umhang gehüllt und schaute wie unbeteiligt über das Gewimmel auf der Straße hinweg. Er wirkte wie ein edler, ruhiger Fremdkörper zwischen den Kanonen der schweren Artillerie, Munitionskisten, Lastwagen, Feldküchen, Sanitätsautos und den vielen Soldaten in braunen Uniformen mit den Krätzchen auf den kahlgeschorenen Schädeln. Dazwischen liefen die Bewohner der Häuser herum, die nicht in ihre beschlagnahmten Wohnungen durften. Aus unserem Wohnzimmerfenster schauten drei lachende Russen heraus. Frieder fuhr eine Runde in einem Jeep und brachte zwei Büchsen Ölsardinen mit. Jörg bekam eine Handvoll Bonbons in seine Schürzentasche gesteckt, die er schreiend entgegennahm. Unschlüssig standen wir vor unserem

Haus, im Torweg stand ein Lastauto. Da rief Frau Nägele aus dem Fenster ihrer Kellerwohnung: „Kommen Sie herein, hier sind keine Russen!" Wir klemmten uns an dem Lastauto vorbei, das Proviant geladen hatte. Mutti bekam ein Brot in die Hand gedrückt. Die Kellerwohnung war nur über den Hof zu erreichen. Dort standen einige Russen. Einer von ihnen, ein ganz junger, winkte mich heran. Ich schüttelte den Kopf und wandte mich schnell der Wohnungstür zu. Der Russe schrie: „Stoy!" und riss wütend die Maschinenpistole hoch. Mutti sah, dass ein anderer Russe ihn anstieß, der Schuss ging daneben. Ich war im Keller verschwunden. Der Russe machte sich von seinem besonnenen Kameraden los und rannte hinter mir her. Wieder schoss er. Ich hörte das Pfeifen der Kugel. Ich war durch die Küche und den Flur ins Vorderzimmer gerannt, sprang auf eine Bank, die unter einem der offenen Fenster stand. Als ich im Begriff war, wieder auf die Straße hinauszusteigen, schlug ein drittes Geschoss knapp neben meinem Kopf in das Holz des Fensterrahmens. Mutti, die Jungen und Frau Nägele mit ihren beiden Kindern hatten über den Hausflur wieder die Straße erreicht. Der junge Russe kam nicht hinterher.

Mutti brachte mich in eine Parterrewohnung des Hauses Nummer 9, das rechts neben unserem liegt. Hier war Uschi mit ihrer Familie versammelt, mit Eltern, Bruder, Oma, Onkel, Tanten und vor allem mit dem russisch sprechenden polnischen Freund. Uschi machte sauber, ihre Mutter kochte, Kommissbrot lag auf dem Tisch. Ein älterer Russe unterhielt sich mit Latso. Ich hockte mich möglichst unauffällig in eine Ecke und fing erst jetzt an, am ganzen Leibe zu zittern. Mutti ging mit den Jungen zur Kommandantur, die zwei Häuser weiter untergebracht war. Sie wollte um Schutz und Unterkunft bitten. Der ältere Russe sah mich unverwandt forschend an, als ob ich ein seltsames Insekt wäre. Er hatte den ganzen Mund voller Goldzähne. Mir wurde sehr unbehaglich zumute. Ich war froh, als Mutti mich abholte. Sie hatte nichts ausgerichtet, obwohl man sie freundlich behandelt hatte.

Wieder auf der Straße stehend hörten wir, dass in der Kellerwohnung von Nummer 15 nette Russen sein sollten, die auch schon Frauen gefunden hatten und die anderen unbehelligt ließen. Die dicke Frau Schneeberg ließ uns nach längerem Betteln auch noch in ihre schon überfüllte Wohnung. Durch die Küche gingen wir in das dahinter liegende Zimmer. Hier saßen Nachbarn auf ihren Koffern wie bei Alarm. Auf dem Sofa lag eine Frau in enger Umarmung mit einem Russen. Ich setzte mich mit meinen Brüdern in eine Ecke auf die Erde. Mutti ging in den Fabrikkeller, um wenigstens ihren roten Koffer mit den wichtigen Papieren zu holen. Sie kam ziemlich atemlos mit dem Koffer zurück. Sie hatte ihn einem auf unserem Matratzenlager schlafenden Russen unter den Füßen hervorgezogen. Inzwischen verteilten die freundlichen Russen wieder ihre fette Nudelsuppe. Ich konnte wieder nichts essen, ich erbrach schon den ersten Happen. Seit zwei Tagen ging das schon so. Es war, als ob bestimmte Körperfunktionen wie unter Schock blockiert waren, eine Verkrampfung hohen Grades. Irgendwann am Nachmittag hieß es: ,Die freundlichen Russen ziehen ab. Es kommen andere. Versteckt euch!' Mutti beschloss, sich aufs Geratewohl zum Fichtebunker durchzuschlagen. Schlimmer als hier konnte es woanders auch nicht sein. Und vor der kommenden Nacht hatten wir große Angst.

Über die Trümmer des Hinterhauses von Nr. 15 und weiter durch andere Ruinen kletterten wir, bis wir in der Waldemarstraße herauskamen. So hatten wir vermieden, an den Geschützen und ihren Besatzungen auf der Straße vorbeizugehen. Wir folgten der Adalbertstraße bis zum Kottbusser Tor. Militärfahrzeuge fuhren in beiden Richtungen an uns vorbei. Wenige Russen waren zu Fuß unterwegs und überhaupt keine Zivilisten. Einmal drückten wir uns eng an eine Hauswand, als ein Offizier in blanken Schaftstiefeln an uns vorbeiging. Er war ein sehr dicker Mann, der eine in Gold gefasste Brille trug. Seine Brust war mit vielen Orden geschmückt. Er ging mit harten Schritten, als wolle er alles in den Boden stampfen. Mit unbewegter Miene übersah er uns Armselige. Mit einer Reitpeitsche schlug er rhythmisch gegen seine polierten Stiefel. Von toten Hunden und Katzen scheuchten wir im Vorbeigehen Schwärme von Aasfliegen auf. Tote Menschen hatte man notdürftig mit Pappe oder Säcken zugedeckt, wenigstens das Gesicht. Aus dem Landwehrkanal hatte man Leichen geborgen. Sie lagen in Reih und Glied auf dem Ufergras. An einem Laternenpfahl hingen zwei tote Männer in deutschen Uniformen. Ein Pappschild nannte sie Deserteure. Sie waren nicht viel älter als ich.

Plötzlich ließ uns ein bisher nie gehörtes, laut pfeifendes Geräusch zusammenzucken. Vor uns am anderen Ende der Grimmstraße blitzten Mündungsfeuer auf. Ach ja, es war ja noch Krieg. Eine Stalinorgel feuerte gleichzeitig aus allen neben- und untereinander angeordneten Rohren. Wir bogen links in die Böckhstraße ein und folgten dann der Graefestraße, bis sie auf die Fichtestraße in Bunkernähe stieß. Das war ein Umweg, der sich lohnte. Wir trafen keinen Menschen, weder Freund noch Feind, die nicht mehr so sicher zu unterscheiden waren.

Der Fichtebunker war überfüllt. Mit Mühe kämpften wir uns zu unserer Kabine hoch. Unsere Mitbewohnerin war mit ihren beiden kleinen Mädchen da. In der Kabine saßen noch andere Leute, aber Mutti schaffte es, unsere Betten wieder in Besitz zu nehmen. Es waren noch keine Russen in den oberen Etagen des Bunkers gewesen. Sie hatten bisher nur am Eingang mit der Bunkerleitung verhandelt.

Ich stieg in mein Bett hoch. Ich musste es jetzt mit einem anderen Mädchen teilen. Die lag mit ihrem Kopf am Fußende und streckte mir ihre Füße ins Gesicht. Ich revanchierte mich seitenverkehrt. Auf dem Rücken liegend starrte ich auf die gekalkte Decke dicht über mir. Wie in geordneten Formationen zogen Heere von Wanzen ihre Straße. Das regte mich nicht mehr auf. Die Tapetenflundern hatten es auch nicht leicht, ohne den üblichen Schutz an der kahlen Decke zurechtzukommen. Mich verschonten sie ohnehin, wenn meine Brüder in der Nähe waren, deren Blut ihnen offenbar besser schmeckte. Der Bunker, der sonst in regelmäßigen Abständen 'entwest' worden war, hatte in den letzten Monaten keinen Kammerjäger mehr gesehen. Schlimmer als die Wanzen waren die Zustände in den Toiletten. Sie waren völlig verdreckt, da es kein Wasser gab. Die

Belüftungsanlage konnte nicht arbeiten, weil es keinen Strom gab. In den Kabinen konnte keine Kerze mehr brennen, so groß war der Sauerstoffmangel. Trotzdem umgab uns jetzt wieder eine vertraute Atmosphäre. Die Jungen schliefen bald ein. Auch ich konnte schlafen. Die Blasenbeschwerden waren erträglicher und eine unmittelbare Bedrohung nicht vorhanden.

Am nächsten Morgen wurde der Bunker zwangsweise und endgültig auf Befehl der russischen Kommandantur wegen Seuchengefahr und weil er schwer zu kontrollieren war geräumt. Es hieß der Bunkerleiter, unser Gockele, soll erschossen worden sein. Eine von den Alteingesessenen, wegen ihrer scharfen Zunge berühmt, drückte ihr Bedauern ziemlich unpassend aus, indem sie sagte: „Nun ist er so gut durch den Krieg gekommen und jetzt musste er doch noch den Weiberheldentod sterben."

Wo sollten wir nun hin? Und wohin mit all unseren Sachen? Unsere jahrelange Kabinengenossin lud uns ein. Sie wohnte in Neukölln am Maybachufer bei ihrem Vater, der dort eine große Wohnung hatte. Sie selbst war ausgebombt und mit ihren Kindern zu ihm zurückgekehrt, ihr Ehemann war an der Westfront und am Leben, wie sie hoffte. Es war heller Sonnenschein, als wir durch die Straßen zogen. Wir hatten einen Kinderwagen mit unseren Habseligkeiten beladen und alle Hände voll zutun. Jörgi und die beiden kleinen Mädchen konnten und wollten nicht so lange laufen und mussten zwischendurch getragen werden. Wie ich aussah und mich fühlte, weiß ich noch ganz genau. Ich trug ausgebeulte Trainingshosen, ein kurzes, ausgewachsenes Mäntelchen aus Zeltplanenstoff, das Mutti mir mal genäht hatte. Die Haare waren zu zwei Rattenschwänzen gebunden. Auf dem Arm trug ich meine große Babypuppe mit den Schlafaugen, die im Bunker auf meinem Bett gesessen hatte, um sie vor den Bomben zu schützen und die jetzt mich beschützen sollte, um meine Kindlichkeit zu unterstreichen. Russen im offenen LKW fuhren vorbei und zeigten lachend auf die Puppe. Ergab sich ein auffallendes Missverhältnis zwischen meinem Aufzug und dem sichtbaren Alter? Oder lachten die Russen ehrlich ein kleines, dreckiges Mädchen mit einer auffallend sauberen, hübschen Puppe an? Als ich später in der unversehrten Neuköllner Wohnung vor dem Spiegel stand, war ich sicher, dass ich doch noch sehr kindlich aussah. Ich war immer noch nicht größer als 1,55 cm, ziemlich dünn, meine Wangen hatten noch kindliche Rundungen. Ich beschloss, meine Tarnung, also Zöpfe, Dreck und Mäntelchen, beizubehalten.

Der alte Vater unserer Gastgeberin war gar nicht erfreut über die vier Gestalten, die seine Tochter mitgebracht hatte. Trotzdem war es für uns eine Friedensoase. Es war gleich nach Ankunft der Russen eine Art Patrouille durch den Keller dieses Hauses gegangen. Das war bisher die ganze ‚Feindberührung'. Da war es wohl gar nicht so merkwürdig, dass der Alte für unsere Lage so wenig Verständnis aufbringen konnte. Aber wir waren nun gar nicht mehr so empfindlich. Wir wuschen uns endlich einmal wieder, denn hier gab es sogar genügend Wasser. Ich konnte meine beschmutzte Wäsche wechseln und meine Hosen säubern. Später saß ich mit den Kindern in dem großen Wohnzimmer und las ihnen Märchen vor. Als sie nichts mehr hören wollten, legte ich mich auf die Couch und las leise weiter und rettete mich aus der unsicheren Gegenwart für kurze Zeit in eine Welt, in der alle Geschichten gut ausgehen. Zu essen hatten wir natürlich nichts. Der alte knurrige Herr, der wohl doch nicht ganz so hartherzig war, wie ich zuerst dachte, schickte seine Tochter mit vier Scheiben geröstetem Brot aus der Küche in das uns zugewiesene Zimmer. Ich konnte leider immer noch nichts essen, mein Magen war wie zugeknotet. Meine Brüder freuten sich. Wir kampierten notdürftig auf Couch und Teppich und verbrachten dankbar eine ruhige Nacht.

Am nächsten Morgen ging Mutti mit Frieder und der leeren Milchkanne los, um nachzusehen, ob die Kanonen noch vor unserer Haustür standen und die Russen unsere Wohnung noch besetzt hielten. Leider war alles noch unverändert. Frieder lief die Treppe hinauf und guckte durch die offene Wohnungstür. Er sah umgekippte Stühle und zerbrochenes Geschirr. Als er laute Stimmen hörte, rannte er schnell auf die Straße zurück. Er war flink mit Augen und

Füßen. Wo ein Verpflegungswagen zu sehen war, wo Essensausgabe für die Soldaten im Gange war, da lief er hin. Meistens bekam der hübsche, freundliche Blondkopf, der seine blauen Augen so erwartungsvoll aufreißen konnte, seinen Anteil.

Am Nachmittag kamen Mutter und Frieder mit der Milchkanne voller Suppe und einem Kommissbrot zurück. Alles für mich und Jörgi, denn sie hatten sich schon vorher satt gegessen. Wir konnten uns jetzt bei unseren Gastgebern für das Röstbrot revanchieren. Ich brachte wieder nichts herunter.

Am nächsten Tag gingen Mutter und Frieder wieder auf ihren Beobachtungsposten. Aber auch ich konnte etwas unternehmen. Während die junge Frau auf die Kleinen aufpasste, schloss ich mich dem alten Mann an. Jeder nahm einen Eimer zur Hand, denn es hieß, dass in der Nähe an einem bestimmten Platz große Fässer mit Marmelade lagern würden. Der Zaun des besagten Hofes hatte einige Latten eingebüßt, so dass man hindurchschlüpfen konnte. Es waren viele Leute dort, die sich bemühten, an die riesigen Fässer heranzukommen. Mit Äxten und Hämmern wurde versucht, die Deckel abzuheben. An Werkzeug hatten wir nicht gedacht. Wir mussten uns mit den Resten in den bereits offenen Fässern begnügen und mit Inhalten, die nicht so gut schmeckten. Schließlich waren unsere Eimer mit einem Brei aus ungesüßten Aprikosen gefüllt, die schon leicht gärig rochen. Wir waren beide ziemlich beschmiert, weil wir uns tief in die Fässer beugen mussten, aber wie Sieger und etwas vertrauter miteinander kehrten wir nach Hause zurück.

Am nächsten Tag kam Mutti schnell von ihrem Inspektionsgang zurück: „Die Russen mitsamt Kanonen sind abgerückt!" Unser Bunkergepäck ließen wir in Neukölln und eilten nach Hause. Als wir durch die weit offenstehende Tür in unsere Wohnung traten, kam uns eine kleine, bucklige Frau entgegen, die sich gerade mit einigen unserer Sachen davonmachen wollte. Sie wollte sie nicht wieder hergeben. Es sei ja noch genug da. Andere hätten sich auch schon bedient. Da wurde Mutti rabiat: „Unerhört, die eigenen Nachbarn zu bestehlen!" Sie riss der Alten den Karton mit Geschirr und unserer einzigen Bratpfanne aus den Händen, und ich zerrte ihr eine noch von meiner Oma bestickte und von uns in Ehren gehaltene Tischdecke unter dem Arm hervor. Die Bucklige, vor der sich die Jungen immer gefürchtet hatten, wenn sie ihr im dunklen Hausflur begegnet waren, wohnte noch nicht lange im Haus. Sie war als Ausgebombte in die Dühringsche Wohnung im 2. Stock eingewiesen worden, denn Frau Dühring war mit ihren drei Kindern als Evakuierte irgendwo auf dem Lande. Außerdem wohnte da noch eine dicke Dame mit ihrem Terrier Purzel, der allen Kindern in die Waden biss und noch gefürchteter war als die Bucklige mit ihrem schiefen, roten Gesicht.

Die Wohnung sah unbeschreiblich aus. Die Waschschüssel war vollgekackt, übervoll. Auch sonst roch es aus allen Ecken unanständig. Mit Tischdecken und Handtüchern hatte sich die glorreiche Rote Armee den Hintern abgewischt. Hingespuckt überall. Verdächtige Lachen glänzten zahlreich. Dazwischen Essensreste, Zigarettenasche. Alle Schubladen entleert, alle Schrankinhalte auf der Erde. Die Kiste mit dem vorsorglich verpackten guten Geschirr war ausgekippt und der Inhalt überwiegend zerbrochen. Nur der Bettkasten in der Chaiselongue war nicht entdeckt worden. Wir ärgerten uns, dass wir da nichts Wertvolles versteckt hatten, er enthielt nur den Christbaumschmuck.

Die Portiersfrau kam herein und erzählte, dass wir das ganze Haus gefährdet hätten. Die Russen seien furchtbar aufgeregt und wütend gewesen, als sie Papas Luftwaffenparadeuniform mit dem pompösen Schwert gefunden hatten. Sie suchten überall den verfluchten Nazi. Man habe schnell Latso gerufen, der ihnen versicherte, dass dieser Nazi längst in Russland begraben sei.

Wir schlossen unsere Tür. Durch die leeren Fensterrahmen sahen wir hinaus. Auf der anderen Straßenseite an der Parkmauer standen zwei Russen. Einer trug Papas Stiefel und hatte unseren Feldstecher umgehängt, den er jetzt fröhlich auf uns richtete. Der zweite hatte sich Papas Luftwaffendolch ans Koppel gehängt und beguckte sich eine Geige. Richtig, Papas Geige war auch weg. Beim Aufräumen merkten wir, dass noch viele andere Dinge fehlten, auch der große Plattenapparat, mit dem Papa immer die Blitzlichtaufnahmen zu Weihnachten gemacht hatte. Eigentlich nahmen wir die Verluste gar nicht tragisch. Wir fanden, dass wir noch recht gut davongekommen waren, wenn das jetzt alles war. Es ärgerte uns aber sehr, wenn wir unsere Sachen bei den Nachbarn sahen. Aus dem Fabrikkeller holten wir unsere Betten, Matratzen und Koffer. Vieles fehlte. Sicher hatten die Russen manches mitgehen lassen oder an ihre Freundinnen verschenkt, aber dass die Nachbarn wie die Raben stahlen, war unheimlich.

Es folgen chronologische Tagebucheintragungen, die kein genaues Datum tragen.

Ist noch April oder schon Mai? Ich weiß es nicht. Wir haben ausgemistet, auf der alten Kochmaschine ordentlich Feuer gemacht. Frieder und ich haben vom Marienstift Wasser herangeschleppt. Wenn wir in der Schlange zur Pumpe vorgerückt waren, füllte ich den Eimer und schleppte ihn nach Hause, während Frieder sich sofort wieder hinten in die Schlange stellte. Wenn ich mit dem leeren Eimer wiederkam, waren wir ganz vorn in der Reihe. Unsern Schrubber fand ich an der Tür der Portiersfrau. Ich habe gar nicht lange gefragt, sondern ihn einfach mitgenommen. Aber das Kabarett, das ich Mutti einmal zu Weihnachten schenkte, hat sie nicht wieder herausgerückt. Sie behauptete, es vor einigen Jahren bei Wertheim am Dönhoffplatz gekauft zu haben. Das ist gelogen, ich habe es vorher nie bei ihr gesehen.

Das Saubermachen war schlimm. Zwei Handtücher und die völlig beschmutzte Tischdecke haben wir verbrannt. Wir haben uns furchtbar geekelt. Am schlimmsten war es in der Küche und im Wohnzimmer. Schlafzimmer und Kinderzimmer waren wenigstens kotfrei, und die Toilette war unberührt. So langsam fühlen wir uns wieder wohler.

Vorhin hat es an der Tür geklopft. Mutti öffnete, ein Russe stand da. Er nahm seine Mütze ab und sagte immer: „Frau?" und fuhr sich mit der Hand über seinen kahlen, grindigen Schädel. Wirklich, er war voller Ausschlag. Mutti war hilflos. Sie wagte es nicht, die Tür zuzuschlagen, um ihn nicht wütend zu machen. Da kam die Bucklige die Treppe herunter. Sie wusste gleich Bescheid: „Der will zu der dicken Frau mit dem Turban, die hat ihm sogar den Hausschlüssel gegeben, das Weib!" Sie wandte sich dem Russen zu: „Frau mit Hund Wauwau?" und führte den strahlend Nickenden die Treppe hinauf. Wir schlossen daraus, dass die Dicke ihren Kavalier in unserer Wohnung empfangen hatte, als sie noch leerstand. Ein Glück, dass unser Türschloss noch funktioniert, so können wir uns wenigstens einschließen.

Es stellte sich bald heraus, dass wir uns doch noch nicht so sicher fühlen konnten, wie wir anfangs dachten.

Tagebucheintragung von April/Mai 1945

Also, ich habe wieder einmal Glück gehabt! Gestern, bald nachdem der Russe weg war, kam Luzie von Parterre und fragte, ob ich zum Übernachten zu Uschi mitkäme ins Nebenhaus, Nr. 9. Die sei mit ihren Eltern wieder oben in ihrer Wohnung im vierten Stock. Da sei es sicherer als in unserem Haus, schon wegen der Dicken, die die Russen heranziehe. Ich hatte mich frisch gewaschen, sogar die langen Haare, und frisch angezogen und fühlte mich schon viel besser und richtig unternehmungslustig. Ich nahm genau wie Luzie ein Kopfkissen unter den Arm, und wir schlüpften, wie wir glaubten, ungesehen in das Nachbarhaus. Eine tolle Wohnung. Die Zimmer sind so angeordnet, dass man, wenn man ins erste hineingeht, alle vier Zimmer durchqueren kann und wieder auf dem Flur neben der Eingangstür herauskommt. Genau das rettete uns. Wir machten es uns gerade im zweiten Zimmer auf Sofa, Couch und Ziehharmonikabett gemütlich, als laut an die Tür geschlagen wurde. Lautes Lachen, russischer Redeschwall; die Tür zum ersten Zimmer wurde aufgestoßen. Wir drei Mädchen rannten vom zweiten ins dritte und vierte Zimmer, von dort auf den Flur, zur offenen Wohnungstür hinaus, die Treppe hinunter, auf die Straße und in unser Haus. Atemlos erzählten wir Mutti unser Erlebnis. Am meisten wunderte ich mich, dass ich mein Kopfkissen noch unter dem Arm hatte. Ich muss es beim Aufspringen automatisch ergriffen haben.

Mutti beobachtete die Straße. Die Russen kamen bald schimpfend aus dem Nebenhaus, guckten sich immer wieder um und an der Fassade hinauf und verschwanden schließlich um den Straßenknick in Richtung Oranienplatz, wo immer noch Kanonen standen. Uschi lief in die elterliche Wohnung zurück.

Tagebucheintragung von April/Mai 1945

Frau Kramer wohnt im Hinterhaus von Nr. 9. Auf dem Hof ist eine Holzhandlung mit Schuppen, Remisen und Lagerplätzen, verbaut und unübersichtlich. Sie lebt dort mit ihrem fünfzehnjährigen Sohn Hans, der Tischlerlehrling ist und den sie mit verzweifelter Raffinesse vor dem Volkssturm bewahrt hatte und jetzt vor den Russen versteckte. Wir trafen sie bei Luzies Mutter, unserer Portiersfrau. Frau Kramer lud uns alle ein, in ihrer kleinen verborgenen Wohnung zu schlafen. Wir achteten diesmal genau darauf, dass wir nicht beobachtet wurden, schlichen einzeln an der Hauswand entlang, während Frieder die Straße im Auge behielt.

Hans verbarrikadierte regelrecht die Wohnungstür. Wir Kinder kampierten mit Decken auf der Erde. Bei dem trüben Schein eines Hindenburglichtes döste ich vor mich und versuchte dem zutraulichen Grinsen von Hans auszuweichen. Die Kleinen schliefen schon. Die leisen monotonen Stimmen der beiden Frauen schläferten mich langsam ein. Ich fühlte mich sicher. Nur von weitem schallte ab und zu das Bummern gegen verschlossene Türen, Grölen und Geschrei zu uns herüber.

Tagebucheintragung vom 1. Mai (?) 1945

Hans hatte mir gestern versprochen, Sperrholzplatten zu bringen, damit wir die Fenster richtig vernageln können. Er kam prompt und brachte Nägel und Hammer mit. Ich brauchte ihm nur die Nägel zuzureichen. Er machte alles dicht. Mutti hat vielleicht gestaunt, als sie vom Anstehen kam. Er hat es wirklich nur aus Freundlichkeit getan; denn er weiß ja, dass wir nichts zu geben haben. Mutti brachte ein Brot mit, noch warm, der reinste Klitsch. Man muss es ganz langsam essen. Es ist schwer und feucht und knirscht zwischen den Zähnen; da muss Sand drin sein, ein paar kleine Steine haben wir auch schon ausgespuckt. Mein Appetit ist leider zurückgekehrt, so dass ich manchmal reuevoll an die fette Nudelsuppe denke, die ich damals nicht herunterbekam.

Wir müssen Essen heranschaffen, sonst verhungern wir.

Heute Morgen war ich mit Hans und Frieder in der Arbeitsfront, dem großen modernen Bau neben dem Marienstift. Um da hineinzukommen, braucht man auch keine Tür mehr aufzumachen. Wir durchstöberten die Büros und holten die letzte Schreibmaschine und Bürosachen wie Papier und Bleistifte heraus. Ich fand ein Buch, 'Märkische Sagen', und ein sehr scharfes Brotmesser. Wir nahmen noch etwas Geschirr mit. Eine Schüssel hat unten ein Hakenkreuz eingestempelt, aber das sahen wir erst zu Hause. Wir behalten sie trotzdem. Die Schreibmaschine will Hans behalten; er sah sie zuerst. Soll er! Frieder fand einen Stock, oben mit einer Griffschlinge wie ein Skistock, unten mit Metallspitze. Er ging damit zum Spielen auf die Straße. Bald kam er wieder und hatte 50.- Reichsmark in der Hand. Er erzählte, dass ein Mann den Stock haben wollte. Der Mann habe so komisch gesprochen und gesagt, dass er noch weit laufen müsse und den Stock brauche. Als Frieder ihn nicht hergeben wollte, habe der Mann eine große Einkaufstasche aufgemacht, die voller Geld gewesen sei. Frieder durfte sich einen Schein nehmen. Erst habe er einen Zehnmarkschein in der Hand gehabt, den habe er aber schnell wieder losgelassen, als er den Fünfziger sah. Da habe der Mann gelacht, und er sei fix ins Haus gelaufen. Wir rannten zum Fenster, um den komischen Mann noch zu sehen. Er saß auf der Parkmauer und aß, der Stock stand neben ihm. Mutter wollte ihm das Geld am liebsten wiedergeben, aber das redeten wir ihr aus.

Tagebucheintragung zwei Tage später

Jörg war im Felsendamm-Park spielen. Er kam ganz aufgeregt wieder und erzählte, dass er beim Versteckspielen hinter die Büsche gegangen sei und dass da eine ganz schmutzige Hand aus der Erde geguckt habe. Er ließ nicht locker. Wir mussten mit ihm hingehen, schon um ihn zu beruhigen. Mutti nahm unseren kurzen Spaten mit. Wir versicherten Jörgi immer wieder, dass der Mensch dort in der Erde wirklich tot sei. Mutter deckte die Hand behutsam mit Sand zu. Ein Stückchen weiter sah Frieder den Kopf einer Frau im alten Laub. Man sah nur lockiges weißes Haar und ein Stück von der Stirn. Mutti deckte alles zu, bevor Jörgi es sah. Hier sind wohl mehrere Menschen schnell und sehr oberflächlich verscharrt worden. Mutti verbot den Jungen, in dem Park zu spielen. Ich glaube, sie hätten es sowieso nicht mehr getan. Sie waren ganz verstört und hielten sich krampfhaft bei mir fest.

Gegen Mittag ging ich mit Hans in Richtung Petrikirche und Schloss in die Trümmer. Das war keine gute Idee. Die Gegend war seit der totalen Zerstörung am 3. Februar 1945 verödet. Nur Zeichen der letzten Kämpfe konnten zu finden sein. Aber das überlegten wir uns erst später.

Trümmerhalden und Hausruinen. Frei zugänglich ohne Türen und Fenster fanden wir im Parterre eines großen Geschäftshauses die Reste einer Mahlzeit: Angeschnittenes Brot, hart wie Stein, ein paar halbleere Büchsen mit Obstkonserven, einige Wurst- und Schmierkäsereste. Wir verscheuchten die Fliegen und aßen das gärige Obst, packten Brot und Käse ein - die Wurst war verschimmelt - und stöberten weiter. Ich fand eine große Büchse mit Milei-G, Eipulver, prima für Rühreier. Wir wandten uns zum Ausgang zurück und sahen in einen offenen Fahrstuhl hinein. Ein toter deutscher Soldat saß zusammengesunken am Boden. Sein Stahlhelm war ihm vom Kopf gefallen, jedenfalls lag er verkehrt herum neben ihm. In den braunen lockigen Haaren klebte Blut. Fliegen summten. Wir schlichen davon, auf Zehenspitzen, als hätten wir Angst ihn zu wecken.

Die Stille in dem Ruinenfeld wurde uns unheimlich. Wir hatten auf dem ganzen Weg durch die tote Stadt keinen lebenden Menschen getroffen. Darüber waren wir eigentlich froh gewesen, denn man weiß ja nicht, wen man trifft. Aber jetzt hatten wir genug und kletterten über die Trümmerberge zurück. Einmal rutschte ich ab und fiel in einen Granattrichter und auf einen toten Landser, der auf dem Rücken lag und in den blauen Himmel starrte. Hans half mir heraus. Ich spüre noch jetzt die Berührung mit dem rauen Stoff, der leicht unter mir nachgab.

Mutti machte Rührei mit dem aufgeweichten Brot zusammen. Es wurde ein Festmahl. Die Jungen schlangen wie die Wölfe und hätten gerne noch viel mehr verdrückt.

Tagebucheintragungen in chronologischer Folge, aber ohne Datum

Wir beobachten es schon eine ganze Weile. Mutti meint, es müsse von den vielen Aufregungen und dem Hunger sein: Frieder hackt immer öfter beim Sprechen, vor allem, wenn er schnell etwas sagen will. Bei Jörgi rutscht immer häufiger das eine Auge zur Nase hin, er fängt an zu schielen und ist furchtbar dünn.

Heute haben wir Kohlen organisiert. Am Kaiser-Franz-Grenadier-Platz gibt es einen Kohlenplatz. Das haben wir nie gewusst. Wir sind alle mit dem Kinderwagen, einem Eimer und zwei Säcken hin. Der ausgebrannte Tiger steht noch da, wir haben nicht hineingeguckt. Vor dem gewaltsam geöffneten Holztor des Lagerplatzes liegt ein totes Pferd. Sein Bauch ist dick aufgedunsen. Ein großes

Stück Blech liegt wie eine Brücke darüber. Es wabberte eklig, als wir, Mutti und ich, drauftraten. Die Jungen mussten auf den Kinderwagen aufpassen. Wir füllten einen Sack und den Eimer mit Briketts und schafften beides nacheinander über die schlüpfrige Brücke. Einmal trat ich auf das Pferdefell und sank ein. Ein ekelhaft saugendes Gefühl! Schwärme von grünschillernden Aasfliegen brummten um uns herum und ließen sich sofort wieder auf dem Kadaver nieder, wenn wir von dem Blech herunter waren. Diese Fliegen haben gute Zeiten. Ich habe noch nie so viele davon gesehen wie in diesem Frühjahr. Leute waren nur wenige da. Es hatte sich noch nicht herumgesprochen. Wir änderten unsere Taktik. Ich blieb auf der Hofseite und reichte Mutti den vollen Eimer zu, sie füllte den Kinderwagen und die Säcke und gab mir den leeren Eimer zurück. Zuletzt füllte ich den Eimer mit Eierkohlen. Die sollen mehr Wärme abgeben.

Die Kohlen stapelten wir in der Küche. Unser Schuppen auf dem Hof ist ein richtiges Rattenloch. Ich klappere immer erst laut mit dem Eimer, ehe ich dort hineingehe; denn Mutti ist da wirklich einmal von einer Ratte angesprungen worden. Außerdem könnten die Kohlen dort leichter geklaut werden. Mutti meint, für zwei Winter sind wir mit Brennstoff eingedeckt. Das Organisieren ist ja eigentlich verboten, darum war Mutti beim Kohlenklauen auch so nervös. Wenn wir Kinder gehen, ist das nicht so schlimm, davon muss sie ja nichts gewusst haben.

Gestern hat es sich gelohnt. Ich bin mit Frieder losgezogen. Mit Hans wollte ich nicht, der übernimmt immer gleich das Kommando. Er schnauft auch immer so durch die Nase. Er will mein richtiger Freund werden, so mit küssen und so. Aber das mag ich nicht, obwohl ich ihn gut leiden kann.

Ich bin also vormittags mit Frieder losgegangen, natürlich in meiner Kleinkinderverkleidung. Ich hatte gehört, dass in den Lagerhallen auf dem Stadtbahngelände zwischen Schlesischem Bahnhof und Jannowitzbrücke Lebensmittel lagern sollten. Wir gingen durch die Michaelkirchstraße und fanden am Straßenrand einen vorsintflutlichen hochrädrigen Kinderwagen, der zwar ohne Verdeck, aber sonst

81

völlig in Ordnung war. Ein gutes Transportmittel, dachten wir und nahmen ihn mit. Dann standen wir vor der Spreebrücke. Die Eisenkonstruktion führte noch über den Fluss, aber das Straßenpflaster lag im Wasser. Hinüber mussten wir! Mutti hätte einen Herzschlag bekommen, wenn sie uns gesehen hätte. Wir balancierten mit dem Ungetüm von Kinderwagen über die Eisenträger der Brücke. Am verbogenen Geländer konnten wir uns mit einer Hand manchmal festhalten. Tief unter uns ragten Steinteile und spitzige Eisendrähte aus dem Wasser. Ein Fehltritt, und wir wären in den Tod gestürzt. Wir waren fanatisch oder total verrückt, sonst hätten wir wenigstens den Kinderwagen sausen lassen. Eigentlich hatten wir es zuerst nur probieren wollen und dabei Schritt vor Schritt gesetzt. Als wir sahen, dass wir fast in der Mitte waren, überfiel uns lähmende Angst. Wir wollten umkehren, aber es stellte sich heraus, dass es unmöglich war. Wir hätten das Geländer loslassen müssen und der, der vorn ging, wäre an dem Kinderwagen nicht vorbeigekommen. Außerdem war es nun in beide Richtungen fast dieselbe Wegstrecke bis zum Ufer. Also tasteten wir uns verbissen weiter voran. Als wir nach einer Zeit, die uns als unendlich lang erschienen war, das andere Ufer erreicht hatten, hockten wir uns auf die Erde, bis die Anspannung nachließ. Frieder sagte nur immer: „Mann, Mann, Mann!" Langsam stieg Triumph in uns hoch, und wir wurden stolz und brüsteten uns: "Weeßte noch, wie ick jestolpert bin? Mensch, wenn ick daneben gegriffen hätte!" – „Mann, und ick erst, ick habe mir gerade noch abjefangen!" – „Jut, dass uns keener jesehen hat! Die hätten vielleicht jetobt." Wir berlinerten furchtbar, was wir immer machen, wenn wir unter uns sind oder sehr aufgeregt. Ganz einig waren wir uns darüber, dass wir einen anderen Rückweg finden müssten. „Nochmal halt' ick dett nich aus", sagten wir beide.

Wir durchstöberten die Lagerhallen unter der S-Bahn. Das hatten andere schon vor uns getan oder es war dort nie etwas Essbares gewesen. Aufgebrochene Kisten und Koffer standen herum, die aber nur Kleidung enthielten, die teilweise auch auf dem Boden verstreut lag. Wir hatten unseren Wagen mit feiner Damenunterwäsche und einer schwarzen Samtjacke beladen, als wir eine schmale Holztreppe entdeckten, die vom ebenerdigen Lagerraum nach oben führte. Wir gingen vorsichtig hinauf. Ein süßlicher Duft umgab uns. Unter Säcken verborgen fanden wir einen Berg Tabakblätter. Nicht gerade begeistert packten wir die meisten Damenunterhosen wieder aus und füllten den Kinderwagen mit Tabak. Wir deckten ein paar besonders feine Batisthemden und die schwarze Samtjacke darüber. Wir zogen in Richtung Jannowitzbrücke davon, um einen Übergang über die Spree zu finden. Rings um uns her nur Ruinen und Trümmerberge. Nirgends eine Menschenseele. Auch Tiere waren nicht zu sehen, außer ein paar Spatzen und huschende Ratten, die aber verschwunden waren, ehe man richtig hingeguckt hatte.

Über die Jannowitzbrücke konnten wir nicht, das sahen wir sofort. Sie war durchgebrochen und führte von beiden Seiten steil ins Wasser. Die hohe Stahlkonstruktion, die bogenförmig die eigentliche Brücke überspannte, hing etwas eingesunken darüber. Auf diesen Eisenträgern balancierten einzelne Mutige in luftiger Höhe über die Spree, natürlich ohne Gepäck. Nichts für uns. Wir mussten weiter. Wir kamen an die ebenfalls gesprengte Waisenbrücke. Daneben gab es eine hölzerne Ersatzbrücke. Viele Militärfahrzeuge überquerten sie. Es waren eine Menge Russen da. Rotarmisten regelten den Verkehr und kontrollierten die Zivilisten. Wir beobachteten das Treiben und überlegten. Aus unserem Kinderwagen roch es penetrant nach Tabak. Sollten wir ihn aufgeben? Nein, niemals! Frieder setzte sich auf die schwarze Samtjacke, und ich schob ihn langsam und freundlich grinsend über die Brücke. Die Russen nahmen keine Notiz von uns. Am Märkischen Museum vorbei eilten wir heim. Unser Bedarf an Aufregungen war überreichlich gedeckt. Hoffentlich hatte Mutti etwas zu essen ergattert, wenn wir schon mit leeren Händen nach Hause kamen.

Aber es stellte sich heraus, dass die Tabakblätter ein wahrer Schatz waren. Mutti verkaufte sie einzeln für acht bis zehn Reichsmark das Stück. Sie deckte damit die laufenden Ausgaben wie Miete und Lebensunterhalt, denn andere Einnahmen hatten wir nicht.

Auch tauschte sie dafür Brotmarken und ein paar Lebensmittel ein. Damals lernte ich, dass es überlebenswichtig sein kann, von überflüssigen Angewohnheiten und Süchten unabhängig zu sein.

Die Samtjacke wurde übrigens zwei Jahre später zu einem kleidsamen taillierten Schößchenjackett, das zu einem auf Lumpenschein erworbenen großkarierten grüngrauen Glockenrock sehr elegant aussah.

Reinfall auf der ganzen Linie! Dabei fing es heute so Erfolg versprechend an. Es hieß, in der Köpenicker Straße gäbe es Kartoffeln. Frieder und ich rannten sofort mit Tasche und Beutel los. In der breiten Ruinenstraße kletterten eine ganze Menge Menschen herum. Man war auf etliche unterirdische Lagerräume gestoßen. Wir stiegen in einen dunklen Keller hinab und gingen hinter einem Mann her, der eine Taschenlampe trug und uns immer wegscheuchen wollte. Es war eine ganze Kellerflucht. In einem Raum bewegten sich viele Schatten. Glas klirrte.

Mensch, Fensterglas! Die Leute grabschten und zerrten. Es war fast nichts mehr da. Im Aufblitzen einer Lampe sah ich mehrere Scheiben an einer Wand stehen. Ich griff zu. Frieder wollte gerade an der anderen Seite festhalten, als ihn ein Kerl beiseite stieß und mir zurief: „Lass' los, das ist meins!" – Ich ließ natürlich nicht los, denn ich hatte es ja zuerst angefasst. „Gib das her, du freche Göre!" Frieder zerrte den Mann an der Jacke zurück. „Wir brauchen auch Glas! Nur weil wir Kinder sind, nehmen Sie es uns weg!", schrie ich und versuchte die Glasscheiben zu mir herüberzuziehen. Der Mann griff härter zu, es knackte. Er zog plötzlich mit einem Ruck, das Glas rutschte mir aus den Fingern, und alle drei großen Scheiben zerbrachen am Boden. Der Mann wurde wild. Ich packte Frieder und wich ins Dunkle zurück. Ich sah die Tür und schrie laut: „Gemeiner Idiot!" – Frieder brüllte: „Kinderbestehler!" Draußen heulten wir vor Wut. Dann suchten wir weiter. Wir sahen Leute mit Eimern voller Kartoffeln und fanden eine ähnlich große Kelleranlage wie vorhin. Nur stieg diesmal ein fauliger Gestank daraus hervor. Wir gingen hinein. Es waren noch Kartoffeln da, eher Kartoffelmatsch mit langen, weißen Keimen. Wir versuchten, möglichst feste herauszufinden, aber die Menschen drängelten und stießen. Wir rutschten in dem Matsch aus. Also füllten wir unsere Behälter blindlings und kamen wie die Schweine, schmutzig und stinkig, wieder ans Tageslicht. Wir hatten eine Kartoffelmahlzeit erbeutet. Für morgen sind auch noch ein paar da. Na immerhin!

Heute Nacht wachten wir von Lärm, Gerassel und Motorengeräuschen auf. Morgens waren sie weg, die letzten Kanonen. Die ganze Straße ist wieder frei bis zu Kuchenkaiser am Oranienplatz. Das bedeutet: Keine Russen mehr in nächster Nachbarschaft, und Frieder kann nicht mehr schnorren gehen.

Die Leute, hauptsächlich die Kinder der Nachbarschaft, haben einen neuen Sport. Frieder macht auch mit. Sie angeln im Engelbecken. Goldfische und Karpfen gab es da immer. Vielleicht haben welche überlebt. Frieder hatte noch kein Glück beim Fischen. Vielleicht ist seine selbstgemachte Angel zu primitiv. Dafür hat er mit seinem Freund Gunther einen Kasten mir Eierhandgranaten an Land gezogen. Gunther fummelte an einer herum und warf sie gerade noch rechtzeitig mitten in den Teich. Das Wasser spritzte mächtig hoch, als sie explodierte. Wenn die beiden Jungs nicht weggerannt wären, hätten die erschreckten Angler sie mörderisch verdroschen. Die schimpften und drohten hinter ihnen her und versuchten nachher die paar oben schwimmenden toten Fische ans Ufer zu zotteln. Frieder macht manchmal solchen Quatsch. Mutti hat ihn schon so oft gewarnt. Neulich hat er sich an einer Panzerfaust die Finger verbrannt. Sie ging zum Glück nicht richtig los, als er sie wegwarf.

Wir haben heute etwas sehr Trauriges gesehen: ‚Mit Mann und Ross und Wagen hat sie der Herr geschlagen.‘ Wie gesagt, Mutti kann es gar nicht leiden, wenn ich Zitate aus der Literatur auf die Gegenwart anwende. Dabei habe ich die Verse meistens von ihr. Schon als ich noch klein war, hat sie mir beim Geschirrspülen lange Balladen von Schiller und Fontane aufgesagt, vielleicht nur, damit mir das Abtrocknen mehr Spaß machte, aber ich glaube, dass sie die schöne Sprache genoss. Also wir standen mit anderen Frauen und Kindern am Straßenrand auf den Trümmern an der Waldemarstraße, als die Reste der deutschen Armee, die Berlin verteidigt oder nicht verteidigt hatten, vorbeigetrieben wurden. Schwer bewacht, zerlumpt, verdreckt, erschöpft, ausgemergelt stolperten sie an uns vorbei. Wir weinten über soviel Elend. Manche Frauen versuchten immer wieder Eimer mit Wasser und Schöpfkellen an die Straße zu stellen. Die Bewacher stießen sie sofort um und richteten drohend ihre Maschinenpistolen auf uns und die Gefangenen. Geschossen haben sie aber nur in die Luft.

Ist der Krieg nun aus? Ist vielleicht schon Frieden?

Kohlen haben wir, aber Holz müssen wir beschaffen. Frieder und ich waren gestern in den Ruinen. Holz gibt es da mehr als genug, meist angekohlt und trocken. Die Sonne scheint in diesem Frühling jeden Tag. Will sie uns wärmen, will sie uns trösten? Sicher denkt sie nicht darüber nach. Dazu fällt mir ein Vers von Goethe ein: 'Denn unfühlend ist die Natur. Es leuchtet die Sonne über Böse und Gute, und dem Verbrecher glänzen wie dem Besten der Mond und die Sterne.'

Wir sammelten also Holz und hatten unseren hochrädrigen Kinderwagen bald voll. Auf unserem Hof habe ich es gleich gehackt. Da steht ein Hauklotz, den wir benutzen dürfen. Es ging leicht, denn es waren nur kurze Bretter. Balken wären besser, die brennen länger und geben mehr Wärme ab. Wir gingen zum zweiten Male los und brachten neben Kleinholz einen fast drei Meter langen angekohlten Balken mit. Der Kinderwagen brach beinahe zusammen. Frieder und ich sägten ihn in etwa dreißig Zentimeter lange Stücke. Das war mühsam und dauerte sehr lange, denn unsere Säge war ziemlich stumpf. Das Zerhacken der Kloben ging dann wieder flott. Mutti sagte, wir sollten uns drei oder vier solcher Balken in den Schuppen legen, sonst aber mehr Kleinholz sammeln. Ich bin gerne in den Ruinen. Es ist einsam und still. Ich weiß nicht, warum ich das mag. Morgen gehe ich wieder.

Tagebucheintragung mehrere Tage später

Herr Heinzmann, unser Luftschutzwart, wurde heute abgeholt. Er war wohl in der Partei oder Kapitalist, denn er hatte ja die kleine Fabrik im Seitenflügel unseres Hauses, eine Gürtlerei, die hauptsächlich Springbrunnen herstellte, aber sicher auch kriegswichtige Teile, sonst wäre er ja eingezogen worden. Jedenfalls war er kein Nazi, er hat angeblich oft den Londoner Rundfunk gehört und nie solche Durchhalte- und Endsiegsprüche gemacht wie Rex. Hoffentlich kommt er bald wieder. Mutti vermutet, dass ihn jemand angezeigt hat. In der Kellerwohnung rechts, wo früher das Seifengeschäft war, wohnt jetzt Frau Hardt. Sie ist der neue Hausobmann. Keiner weiß, wo sie herkommt. Sie sagt, sie sei immer schon dagegen gewesen und alte Kommunistin. Sie verteilt die Lebensmittelkarten. Als sie mich beim Holzhacken sah, herrschte sie mich an, ob ich nicht wüsste, dass es verboten sei, in den Ruinen Holz zu klauen. Wenn ich es nicht ließe, müsse sie mich melden. Am Tage arbeitet sie bei den Russen in der Kommandantur, da kann ich es so einrichten, dass sie mich nicht erwischt. Drei große Balken haben wir sowieso schon in handlichere Stücke zersägt und verstaut.

Zwei Tage später

Die Alte hat was gegen mich. Ich habe auf der Straße ein paar Zettel angemacht, dass ich für die drei ersten Grundschulklassen in Deutsch und Rechnen Nachhilfestunden geben könnte. Da hat mich die Hardt gleich wieder angekriegt, dass ich das nicht dürfe. Ich brauche einen Gewerbeschein und den würde ich nicht bekommen, weil ich die Voraussetzungen gar nicht erfüllte. Mutti fragte, ob sie ihr nicht Arbeit in der Kommandantur verschaffen könne. Mutti war ja früher Anwaltssekretärin. Die Hardt sagte, das ginge nicht, weil Papa Parteigenosse gewesen sei. Aber wovon sollen wir denn leben? Auf dem Sozialamt hat man uns die Unterstützung verweigert, weil

Mutti in dem Fragebogen angegeben hat, dass Papa in die Partei eingetreten sei, als er nach seiner Militärzeit in eine Kleinstadt versetzt wurde und als Beamter bei der Feuersozietät arbeitete und es dort so üblich war. Ich hatte das gar nicht gewusst. Ich kannte ihn nur in Uniform. Ich hätte es verschwiegen, denn vielleicht ist Papa ja schon tot. Mutti ist so dünn und elend. Zur Trümmerbeseitigung ist sie auch noch eingeteilt. Am Oranienplatz steht sie in der langen Schlange und reicht Mauersteine oder Eimer mit Schutt weiter. Die Jungen spielen um sie herum. Ich löse sie ab, dann rennt sie zur Markthalle, um sich nach Essbarem anzustellen. Die Trümmerfrauen werden von Rotarmisten bewacht und gezählt, namenlos, die Anzahl muss stimmen.

Frau Hardt sagte drohend zu mir, ich solle mich ganz ruhig verhalten und nicht immer so frech sein. Sie könne uns ganz leicht aus der Wohnung schmeißen; für Nazis sei sie viel zu groß. Hoffentlich reicht der Tabak noch recht lange. Die Hardt ist nämlich Kettenraucherin und unsere beste Kundin. Sie hat schon einmal mit Büchsenwurst bezahlt.

Einen Schüler habe ich. Er ist acht Jahre alt, nicht sehr helle, und ich kann ihm wirklich etwas beibringen. Er wohnt im Märkischen Museum. Sein Großvater ist dort der Kurator. Ich bin gerne in den altehrwürdigen Räumen. Die dicken Mauern strahlen Schutz und Stabilität aus, wenn auch der Krieg gewisse Spuren hinterlassen hat. Aber ich muss immer wieder durch die stille Trümmerlandschaft nach Hause zurück. Ich bekomme in der Woche zehn Reichsmark.

Tagebucheintragung vom 20. Mai 1945

Musik schallt über Lautsprecher durchs Fenster, russische Kampflieder von markigen Männerstimmen gesungen. So geht das seit einigen Tagen von morgens bis abends. An der Straßenecke zum Felsendamm hin wurde ein riesiges Holzschild aufgebaut. Es trägt in großen schwarzen Buchstaben die Inschrift: ‚Die Hitler kommen und gehen, aber das deutsche Volk bleibt bestehen.'

Frau Dühring ist mit ihren drei Kindern aus der Evakuierung zurück; zuletzt waren sie in Küstrin. Ihre Wohnung ist besetzt. Die Bucklige und ihren Mann muss sie als Untermieter behalten, aber die Dicke mit ihrem bissigen Köter, der keine Kinder mag, wurde von der Hardt in unsere Wohnung eingewiesen. Sie wohnt jetzt im Kinderzimmer. Kurz vorher hatte sie noch mächtigen Ärger. Ihr Russenfreund hatte ihr nämlich aus einer Wohnung in Nr. 15 eine teure versenkbare Singer organisiert. Jetzt kam die Eigentümerin mit ein paar Leuten und holte sich ihre Nähmaschine wieder zurück. Das war ein Gezeter, aber die Dicke konnte nichts machen. Sie ist ausgebombt und Schneiderin. Jetzt lässt Mutti sie an ihre Pfaff-Nähmaschine heran.

Neulich traf ich Elsa. Ihr Haus steht auch noch. Sie wohnt in der Dresdener Straße. Sie erzählte von Pakosch und Rex. Sie seien so ziemlich im allerletzten Moment geflüchtet, weil Rex immer noch auf die offizielle Erlaubnis gewartet habe. Sie mussten alle ihre Sachen zurücklassen und saßen lange im dicksten Flüchtlingsstrom fest. In eisigen Güterzügen erreichten sie Berlin. Rex soll das Kriegsende nicht überlebt haben, sondern Selbstmord begangen haben. Mademoiselle Gros und ihre alte Mutter habe man vor einigen Tagen verhungert in ihrer Wohnung gefunden.

Elsas Vater ist schon zu Hause. Er ist viel älter als Papa. Er war bei der Eisenbahn und wurde im ersten Weltkrieg bereits verwundet. Er ist Spezialist im Wanzenvertilgen. Wir bemerkten nämlich zu unserem Entsetzen, dass wir diese neuen Haustiere in der Wohnung hatten, wenige zwar, aber wer weiß? Elsas Vater half. Wir dichteten Fenster und Türen ab, und er entzündete an einem zentralen Ort der Wohnung in einem Zinkeimer gelbe Schwefelstangen. Es entwickelten sich schwere, übelriechende Dämpfe. Wir verließen schnell die Wohnung und dichteten die Korridortür von außen ab. Nach einigen Stunden und langem Lüften schien alles in Ordnung zu sein. Es scheint geholfen zu haben. Wir sind Elsas Vater sehr dankbar. Hoffentlich schleppt die Dicke uns nichts Neues ein. Aber sauber ist sie eigentlich.

Maria war ein Jahr älter als ich. Ihre Mutter ist jetzt nach Nr. 3 zurückgekehrt. Allein, denn Maria ist tot. Sie erlebte den Russeneinmarsch in einem Dorf östlich von Berlin, ich glaube bei Rummelsburg. Sie waren in den Wald geflüchtet, wo sie von einer Gruppe Russen entdeckt wurden. Maria wehrte sich schreiend und wurde auf ein Bajonett gespießt.

Gaby, die auch in Pakosch war, traf ich beim Anstehen. Sie ist so alt wie ich. Sie ist mehrmals vergewaltigt worden. Sie muss immer noch ins Urbankrankenhaus zur Behandlung. Sie hat schlimme Unterleibsverletzungen.

Tagebucheintragung vom 22. Mai 1945

Als Mutti heute Morgen unsern Jörgi kämmte, entdeckte sie etwas Dunkles, Bewegliches in seinen hellblonden Haaren. Nein, auch das noch, Läuse? Wir holten Lupe und Lexikon. Kein Zweifel. Mutter untersuchte Frieders und meinen Kopf. Ich inspizierte Mutters Haare. Nichts. Jörg musste diese Tierchen wohl erst kürzlich aufgelesen haben, vielleicht von seinem Spielgefährten mit dem dichten roten Schopf. Die beiden steckten immer die Köpfe zusammen. Mutti schickte mich mit Jörg zu dem alten Kellerbarbier in Nr. 21, der schon wieder sein blankgeputztes Messingbecken vor die Tür gehängt hat. Der ließ nicht lange mit sich reden, sondern verordnete das sicherste Heilmittel, und ehe ich mich versah, verwandelte er unseren süßen Blondschopf in einen Kahlkopf. Er erregte die Aufmerksamkeit der ganzen Nachbarschaft und wurde nur noch ‚Kalle' gerufen. Man lachte viel über den mageren, kleinen Glatzkopf. Er schien es zu genießen. Nach den Maßstäben der modernen Kinderpsychologie spielte sich da aber vielleicht eine schädigende Rohheit ab.

Tagebucheintragung vom 23. Mai 1945

Das Hausnummernschild von Nummer 13 hängt, solange ich denken kann, lose und schief an nur einem Nagel und klappert, wenn etwas dagegen kommt. Alle Nachbarskinder kennen das Spiel. Heute hatte jemand einen Tennisball dabei. Nach langer Zeit spielten wir unser Spezialspiel nach Punkten. Jeder muss versuchen das Schild, das ziemlich hoch hängt, zu treffen. Wer zuerst zwanzig Treffer hat, ist Sieger. Ich glaube, es war das erste Mal seit langer Zeit, dass ich wieder etwas spielte, einfach nur spielte.

Übrigens hat die Schule wieder angefangen. Ich soll erst einmal wieder hingehen. Schulgeld kostet es wohl nicht mehr. Ob ich wirklich noch Abitur machen kann, hängt davon ab, ob Papa wiederkommt und Arbeit findet.

Die Schulen in unserer Nähe sind alle kaputt. Die Agnes-Miegel-Oberschule in Neukölln ist die nächste, die noch funktioniert. Weil zwei Schulen in dem Gebäude untergebracht sind, haben wir im Wechsel eine Woche vormittags und eine Woche nachmittags Unterricht. Irgendwie nehme ich die Schule nicht mehr so wichtig, vielleicht weil andere Dinge viel, viel wichtiger sind: Der Hunger, das Essen. Neulich waren alle Schülerinnen beim Schularzt. Wir wurden auf Geschlechtskrankheiten untersucht.

Vor oder nach der Schule löse ich Mutti als Trümmerfrau ab. Meine Schulmappe habe ich immer dabei. Ich nehme die selbstgenähte Stofftasche mit dem Monogramm. Sie reicht aus, denn viele Bücher haben wir ja nicht.

Regelmäßig um drei wache ich nachts von Magenkrämpfen auf. Der Hunger beißt regelrecht zu. Ich trinke Wasser und versuche meinen Magen zu betrügen, aber er lässt sich nicht. Es ist noch dunkel, und ich versuche wieder einzuschlafen. Im Durchschnitt bekomme ich täglich zwei bis drei Scheiben trockenes Klitschbrot und als warme Mahlzeit einen Teller Hafermehlsuppe, in Wasser gekocht, die immer bitter schmeckt, oder drei Pellkartoffeln mit Salz. Ich versuche, das Brot so einzuteilen, dass ich vor dem Einschlafen noch etwas habe, aber zum Durchschlafen reicht es nie. Ich glaube Mutti ist bald verhungert, und Jörg sitzt oft wimmernd in einer Ecke, weil ihm der leere Bauch wehtut. Ich muss versuchen, zu Opa Friese nach Papenbruch bei Wittstock zu kommen. So weit fahren noch keine Züge, aber ab Lehrter Bahnhof gehen welche in Richtung Wittenberge.

Tagebucheintragung vom 24. Mai 1945

Gisa fiel mir ein. Letzten Sonntag machte ich mich zu Fuß auf den Weg nach Pankow. Nach stundenlangem Marsch und Durchfragen stand ich vor dem hochherrschaftlichen Haus. Ich schaute daran hoch. Es hatte den Krieg gut überstanden. Gisas Etage war bereits voll verglast. Gisa war da und sehr erfreut. Ich wurde in einen sonnigen Wintergarten geführt. Nachdem mein langer Fußmarsch gerührt bewundert worden war, kam man zu der Überzeugung, dass ich hungrig sein müsse. Ich bekam eine große Schinkenstulle, und man hoffte, dass ich zum Mittagessen bleiben könne. Ich hoffte das auch. Das Sonntagsessen war ein Fest: Braten, mehrere Gemüse, Quetschkartoffeln, Vanillepudding mit Himbeerkompott. Ich fraß langsam, aber unglaublich viel. Ich konnte mich kaum noch rühren, als ich wieder im Wintergarten auf einem Korbstuhl hing.

Gisa erzählte. Ja, sie hätten alles sehr gut überstanden. Russen habe sie kaum gesehen, nur die netten Geschäftspartner ihrer Onkel. Die große Werkstatt sei zwar beschlagnahmt und solle demontiert und als Reparationsleistung nach Russland verfrachtet werden, aber sie hätten soviel herausgerettet, so dass sie jetzt hier in der Wohnung für die Russen Uniformen und bessere Sachen nähten, natürlich auch für andere, die gut in Naturalien zahlen könnten. Die Onkel hätten eine Menge Stoff vorrätig, sogar noch echt englisches Tuch, Vorkriegsware. Also das waren Schieber, richtige Schieber. Dagegen war Uschis Vater bei uns im Nebenhaus ein ganz kleiner Fisch. Wenn wir doch auch so einen Onkel hätten!

Gisa hörte ganz erschrocken zu, als ich von meinen Erlebnissen erzählte. Ihre Mutter kam hinzu und bremste mich ab. Das war doch nichts für Gisas Ohren! Gisa ging natürlich wieder in die Schule. Fräulein von H. war auch da, aber leider hatte sie keinen Unterricht in Gisas Klasse. Armes Fräulein, nun werden wohl ihre Kollegen die Fresspakete bekommen, gerade jetzt, wo sie erst richtig nötig sind. Dass auch ich wieder ins Lyzeum ging, beruhigte Gisas Mutter etwas. So war ich also noch nicht gänzlich heruntergekommen. Ich dachte an meine Brüder, die hofften, dass ich von meinem Ausflug etwas Schönes mitbringen würde. Als ich gefragt wurde, ob ich bei dem weiten Weg, der vor mir läge, nicht bald gehen müsste, meinte ich, es genüge, wenn ich nach dem Kaffeetrinken ginge. Wir spielten noch ein paar kindische Gesellschaftsspiele, dann konnte ich mich in den Augen der Mutter wenigstens etwas nützlich machen, indem ich mit Gisa ihre Mathematikaufgaben zu Montag löste.

Ich bekam zwei Stücke Obsttorte auf den Teller. Fast wütend mit Tränen in den Augen begann ich, von meinen Brüdern zu erzählen und von Mama, die so dünn sei und gar keine Kraft mehr habe. „Wenn die mich jetzt sehen könnten", seufzte ich. Gisas weiches Herz rührte sich, und sie bat ihre Mutter, mir doch etwas einzupacken. Die tat es, denn sie konnte ihrem behüteten Liebling nichts abschlagen: Drei Stück von der Torte, ein halbes Brot, ein Ende harte Wurst, ein Stück fetten Speck. Ich war so dankbar.

Erst hinterher, auf dem langen Weg nach Hause fiel mir auf, dass es sich hier um eine absolut einmalige Sache gehandelt hatte. Gisas Mutter war beim Abschied sehr kühl, sie ließ höflich meine Mutter grüßen und sagte dann, dass sie beabsichtigten, in nächster Zeit Berlin zu verlassen, und dass es ganz zwecklos sei, sie noch einmal zu besuchen.

Tagebucheintragung vom 25. Mai 1945

Die ersten Nachrichten vom Roten Kreuz treffen ein. Manche Leute haben per Postkarte schon erfahren, in welchem Gefangenenlager ihre Angehörigen sitzen. Wir dachten an Papa. Mutti weinte. Dann sagte sie: „Euch wird es nun vielleicht genauso ergehen wie mir. Ich war acht Jahre alt, als die Nachricht kam, dass mein Vater von einer Patrouille im Morgengrauen in Flandern nicht zurückgekommen sei. Seine Kameraden hatten noch gesehen, dass er mit einem Beinschuss umfiel und ihn Franzosen, Senegalneger, in ihren Schützengraben zogen. Nie kam eine offizielle Todesnachricht. Kein Grab. Nur am Tage der Verwundung, wie wir zurückrechnen konnten, war in Wittstock das Bild einer märkischen Landschaft, das über seinem Bett hing, von der Wand gefallen. Der Nagel war noch in der Wand, und die Öse an der Rückseite des Bildes unversehrt. Alle sagten damals, dass mein Vater in dem Moment gestorben sein müsse und er sich abgemeldet habe. Er müsse ganz stark an sein Zuhause gedacht haben, als er starb." Wir wollten mehr hören. Mutter sprach leise weiter: „Die Mutter meines Vaters, eure Urgroßmutter also, ist kurz darauf gestorben. An gebrochenem Herzen, sagten alle, denn sie war gar nicht richtig krank. Sie hat den Tod ihres einzigen Sohnes einfach nicht ertragen können. Meine Mutter hat Jahre später euren lieben Opa Friese geheiratet. Sie ist aber nur achtundvierzig Jahre alt geworden. Helga, du warst gerade zwei Jahre alt, als sie starb. Ihre letzten Worte galten dir: ,Passt gut auf die lütte Deern auf!' - Und ich, ich sehnte mich mein Leben lang nach meinem lustigen Vater, der mir ein Schaukelpferd mit einem richtigen Pferdeschwanz gemacht hatte, der weiße Pfauentauben züchtete, im Sommer als Dachdecker auf den Wittstocker Häusern saß und im Winter Stenographie und Französisch lernte." – „Ausgerechnet Französisch", fragte ich betroffen. – „Ja", sagte Mutti traurig, „diese elegante Sprache beeindruckte ihn sehr." – Frieder rief: „Das Schaukelpferd kenne ich, es steht in Wittstock im Holzstall, es hat keine Ohren mehr." Mutti kramte ihr blaues Heft hervor, in dem sie 1916 ein Gedicht aufgeschrieben hatte, das sie, die kleine, traurige Gertrud, gerade als ihr Vater gefallen war, in der Schule auswendig lernen musste:

FÜR UNS.
Fern, fern im Osten, da gähnt ein Grab,
da senkt man zu tausend die Toten hinab. FÜR UNS!
Im Westen, da ragt manch Kreuz schlicht und klein,
da liegen sie stumm in langen Reihen. FÜR UNS!
Und wo im Winde rauschet das Meer,
da gaben sie freudig ihr Leben her. FÜR UNS!
Sie opferten Zukunft und Jugendglück,
sie kehren nie wieder zur Heimat zurück. FÜR UNS!
Und wir, wir können nur weinen und beten für sie,
die da liegen bleich, blutig, zertreten. FÜR UNS!
Denn es gibt kein Wort für das Opfer zu danken
und es gibt keinen Dank für die, die da sanken. FÜR UNS!

Ich war sehr nachdenklich geworden. Zwei Dinge waren mir aufgefallen: Erstens durfte man im Kaiserreich die Grausamkeit des Krieges ohne heroisches Pathos darstellen und tief traurig sein. Zweitens hatte mich an Mutters Erzählung tief erschreckt, dass an einem Krieg viel mehr Menschen leiden und sterben, als irgendeine Statistik errechnen kann. Keiner zählt die vaterlosen Kinder, die Mütter und Väter, die nicht die Kraft haben, den Tod ihrer Söhne oder Töchter zu überleben, oder die Verstörten und Versehrten, deren Lebensweg und Lebensfreude für immer gebrochen ist.

Von Papa haben wir zwar noch keine Nachricht, aber er hat sich auch noch nicht abgemeldet, also lebt er noch. Ich will es glauben.

Tagebucheintragung vom 29. Mai 1945

Ich bin gestern in Papenbruch bei Opa Friese und Oma Hedwig angekommen. Es ist wie im Schlaraffenland. Und das kam so:

Ich schwänzte die Schule und machte mich vorgestern früh mit einem leeren Rucksack und ein paar Reichsmark auf den Weg zum Lehrter Bahnhof. Da stand tatsächlich ein Zug. Am Fahrkartenschalter drängten sich viele Menschen. Der Zug war bereits übervoll. Die Leute saßen auf den Wagendächern und standen auf den Trittbrettern. Bahnbeamte scheuchten sie herunter, aber hinter deren Rücken sprangen alle sofort wieder auf. Ich sah etwas links von der Sperre, die auf den Bahnsteig führte, eine Tür im Staketenzaun und fasste wie beiläufig ihren Drücker an. Sie war unverschlossen. Blitzschnell war ich auf dem Bahnsteig und stieg schon die Leiter zum Dach eines Waggons hoch, als die Lokomotive Dampf ausstieß und der Mann mit der roten Mütze die Kelle hob und ausrief: „Vorsicht am Zuge! Türen schließen! Runter von den Trittbrettern!" Das schien aber niemanden zu interessieren. Der Zug setzte sich langsam in Bewegung.

‚Frechheit siegt!', dachte ich triumphierend. Aber die Reise war kein Vergnügen. So ein Zugdach fällt nach beiden Seiten etwas ab. Man muss sich gut festhalten und sich rechtzeitig ducken, denn manche Brücken sind sehr niedrig. Der Fahrtwind war kalt, die Hände wurden klamm, die Lok stieß Ruß aus, der über den ganzen Zug getrieben wurde. Es gab aber auch was zu lachen, weil ein paar Witzemacher dabei waren. Etwas eingeschwärzt stieg ich in Neustadt/Dosse vom Dach. Der Zug fuhr weiter nach Wittenberge. Ich hörte, dass es heute keinen Zug nach Neuruppin geben würde. Ob morgen oder erst in der nächsten Woche einer käme, sei ungewiss. Mehrere Leute wollten nach Neuruppin. Sie beschlossen also die 23 km zu Fuß zu gehen. Sie gingen mir zu langsam, ich rannte voraus und war bald ganz allein in der Landschaft. Ein Stück weit folgte ich noch dem Schienenstrang, dann lief ich die Chaussee entlang. Kein Mensch weit und breit. Ich hatte Hunger und nichts dabei. Ich kaute Löwenzahnblätter und Sauerampfer. Mehrmals hörte ich Motorengeräusche von herankommenden russischen Geländewagen und Lastkraftwagen. Jedes Mal war ich rechtzeitig im Straßengraben verschwunden.

Aber einmal wäre es beinahe schiefgegangen. Von links, etwa 30 Meter vor mir, brach eine Koppel von mindestens zwanzig Pferden aus einem Seitenweg hervor und überquerte die Straße. Reiter in Badehosen trieben sie mit lautem Schreien, Lachen und Peitschenknallen vor sich her und querfeldein auf einen See zu. Das sind Russen, Kosaken, die ihre Tiere in die Schwemme reiten, wusste ich und duckte mich am Straßengraben in ein Holundergebüsch. Vorsichtig bewegte ich mich weiter. Am Ende des Feldweges, auf dem die Reiter gekommen waren, lag ein alleinstehendes Gehöft, wohl eher ein Gutshof. Russische Bagagewagen standen davor. So hastig wie möglich kroch ich außer Sichtweite.

Irgendwann am späten Nachmittag war ich in Bechlin, einem Dorf kurz vor Neuruppin. Dort wohnte Tante Martha, eine Verwandte von Opa Friese. Ich hatte sie auf großen Familienfeiern mehrmals gesehen. Sie war unheimlich dick gewesen. Ich fand ihr Haus, ich fand sie, aber sie war nicht mehr dick, aber sehr freundlich zu mir. Sie schlug die Hände über dem Kopf zusammen, als sie meinen Reiseweg erfuhr, gab mir Milch und ein Honigbrot und winkte mir dann freundlich nach. Ich hatte es eilig, denn ich musste vor Sonnenuntergang in Neuruppin sein. Um in die Stadt zu kommen, musste ich an den Kasernen vorbei, die voller Russen lagen. Ich schaffte es unbehelligt und traf auch Tante Emma in der Karlstraße an, die mir auf ihrem Sofa ein Bett richtete. Sie gab mir ein bisschen Hafersuppe und eine Scheibe Brot. Sie hatte selbst nicht viel. Sie schimpfte auf Mutti, dass sie mich solche abenteuerlichen Sachen machen ließ. Sie schimpfte wohl noch, als ich schon schlief.

Am nächsten Vormittag fuhr vom Neuruppiner Hauptbahnhof ein Zug nach Fretzdorf. Das liegt zwei Bahnstationen vor Wittstock. Eine Draisine sollte vielleicht weiterfahren. Natürlich fuhr sie nicht. Ehe sich die Mitreisenden zu irgendetwas entschlossen hatten, sprang ich schon auf den Eisenbahnschwellen davon. Rechts und links märkischer Wald. Ich hatte Angst. Sie beflügelte meinen Schritt. Je länger es gut ging, desto ruhiger wurde ich. Ich traf keinen Menschen, auch auf der nächsten Bahnstation nicht, die außerhalb des Dorfes Dossow liegt. Als ich kurz darauf aus dem Wald herauskam, sah ich in der Ferne den runden Turm der Wittstocker Marienkirche. Dort erhielt ich kurz nach meiner Geburt die Nottaufe, weil ich ein so schwächliches kleines Ding war. Und viel früher soll da mein richtiger Großvater, der Dachdeckermeister, sich beim Weihnachtsgottesdienst immer hinter einen dicken Pfeiler gestellt und so laut gesungen haben, dass die Leute sich umdrehten und nach dem Sänger suchten, den sie natürlich nicht sahen. Seine Familie kannte ihren Spaßvogel und reagierte unterschiedlich. Sein Vater schüttelte den Kopf: Wird denn der Bengel nie erwachsen? Seine Mutter war stolz auf die kräftige Stimme ihres Sohnes, seine Frau genierte sich und hoffte, dass ihn keiner erkennen werde, seine Kinder feixten. So erzählte es Mutti. Wir hörten es immer wieder gern. Ebenso wie die Geschichte, dass dieser Großvater einmal vom Dach der Marienkirche gestürzt sei, weil er wohl nicht ganz nüchtern war. Er fiel sehr geschickt und direkt in einen Heuhaufen, so dass er unversehrt davonkam.

Ich sprang noch immer von Schwelle zu Schwelle. Eine andere Gangart war bei der Länge meiner Beine und dem Abstand der Eisenbahnschwellen gar nicht möglich, wenn ich nicht im Schotter landen wollte. An einem Seitenweg kurz vor der Stadt überlegte ich, ob ich gleich nach Papenbruch zu Opa Friese abbiegen oder zuerst nach Wittstock zu Tante Wanda gehen sollte. Ich war müde und hungrig und entschied mich für den kürzeren Weg. Das wurde eine Enttäuschung. Eine Nachbarin sagte, dass meine Tante bei ihrer Mutter auf dem Lande sei, da habe sie gut zu essen. Ich wusste, dass ihr Heimatdorf bei Röbel an der Müritz lag, 24 km nördlich von Wittstock, denn als ich einmal die Sommerferien bei Tante Wanda verbrachte, habe ich die Strecke als Elfjährige auf dem Fahrrad quer durch die Wittstocker Heide abgestrampelt.

Also weiter nach Papenbruch, noch gute fünf Kilometer. Den

Weg kannte ich: Links vom Bahnhof führte die Chaussee etwas ansteigend auf die Hühnerfarm zu, die jetzt verödet da lag. Die weißen Leghornhennen hatten bei Kriegsende wohl kaum Überlebenschancen gehabt. Mit schweren Füßen ging ich weiter rechts und links an Wald und Äckern vorbei. Ich ruhte mich gerade neben einem Roggenfeld aus, als mir ein einsamer Radfahrer entgegenkam. Es war ein Junge in meinem Alter. Ich saß noch eine Weile, ich glaube, ich bin eingenickt. Jedenfalls war ich ganz erschrocken, als mich jemand am Arm packte. Der Junge war zurückgekommen und fragte nun, wo ich denn hinwolle und warum ich gerade hier herumsäße. Hier habe man vor einigen Tagen einen Mann umgebracht. Er zeigte mir die Schleifspur ins Korn. Ich solle nun endlich aufstehen. Er hing meinen Rucksack an die Lenkstange seines Fahrrades und schob es neben mir her. Er wohnte in Papenbruch, kannte Opa Friese gut und brachte mich bis vor dessen Tür. Der staunte und Oma auch.

Oma ist nun auch wieder nicht meine richtige Oma, denn Muttis Mutter ist ja schon lange tot. Opa hat später in Papenbruch in eine Landwirtschaft eingeheiratet. Die Frau war Witwe. Sie verpachteten das meiste Land und behielten nur genug für zwei Kühe und ein paar Schweine. Sie lebten ganz zufrieden. Die Oma Hedwig war nett, und da sie selbst keine Kinder hatte, freute sie sich, wenn wir kamen und sie Oma nannten. Sie freute sich auch jetzt.

Tagebucheintragung vom 4. Juni 1945

Ich bin so richtig schön satt. Am liebsten würde ich hierbleiben. Aber ich sollte ja eigentlich nur den Weg auskundschaften und hamstern. Ich bin schon eine Woche hier und habe tüchtig bei der Heuernte geholfen. Ich muss immer an die hungrigen Mäuler in Berlin denken. Na, sie können wenigstens meine Ration mitessen. Morgen fahre ich nach Hause.

Der Rucksack ist gepackt: Kartoffeln, Brot, Quark, ein Stück Butter, Schmalz und ein paar Eier. Es ist fast mehr, als ich tragen kann.

Tagebucheintragung vom 6. Juni 1945

Die Rückfahrt war leichter als die Hinfahrt, aber schlimm genug. Opa brachte mich nach Liebenthal, und ich fuhr andersherum nach Neustadt. Der Zug blieb dauernd stehen. Umsteigen, warten, aber es ging immer weiter, und ich bekam immer einen Stehplatz in einem Abteil. In Neustadt war Gepäckkontrolle. Alle Fahrgäste mussten sich anstellen, um dann auf einem Tisch ihre Habseligkeiten auszubreiten. Vor mir stand ein Junge, eigentlich ein junger Mann. Er war schon achtzehn Jahre alt und wohnte in Spandau. Er half mir sehr, indem er mir den schweren Rucksack abnahm. Der Quark lief schon aus. Das war vielleicht ganz gut, denn in den Matsch wollten die Russen und Polizisten nicht hineinfassen. Dem Jungen haben sie auch nichts abgenommen. Nachher im Zug ließ er mich auf seinem Koffer sitzen und stützte meinen Kopf ab, als ich einschlief. Er stand die ganze Zeit. Auch in Berlin half er mir noch vom Lehrter Bahnhof weg. Er ist begeisterter Fußballer. Wir haben uns verabredet, aber leider vergessen, unsere Adressen auszutauschen.

Mutti arbeitet jetzt in einer kleinen Fabrik, damit sie die bessere Lebensmittelkarte für Arbeiter bekommt. Sie machen da aus Gasmaskenbehältern und Stahlhelmen Kochtöpfe und Siebe. Mutti stanzt Metallplättchen für Topfabdichter. Sie hat immer Nachtschicht, damit sie am Tage bei den Jungen sein kann. Nächste Woche meldet sie sich krank.

Tagebucheintragung vom 10. Juni 1945

Ich habe Mutti und die Jungen heute zum Lehrter Bahnhof gebracht. Sie bekamen noch Stehplätze in einem überfüllten Abteil. Mutti hat ordnungsmäßig bezahlt, natürlich. Von Neustadt sollen sie über Löwenberg bis Herzsprung fahren. Vielleicht fährt der Zug sogar bis Liebenthal, dann sind es nur 2 km Fußweg bis Papenbruch. Wenn Sommerferien sind, fahre ich hinterher.

Tagebucheintragung vom 15. Juni 1945

Ich habe Läuse! Gerade bringe ich sie um. Hoffentlich! Also ich saß an Papas Schreibtisch und machte Schularbeiten. Dabei stocherte ich mir mit dem Federhalter über der Stirn in den Haaren herum. Es fiel etwas auf mein Heft, etwas Bewegliches. Ich nahm die Lupe: Tatsächlich, eine Laus. Ich kämmte meine dicken, langen Haare über einem weißen Tuch. Es fielen noch elf weitere Tierchen heraus. Ich schlug im Lexikon nach: Es wurde geraten, die Haare mit Petroleum anzufeuchten, luftdicht zu verpacken und die entstehenden Dämpfe möglichst lange einwirken zu lassen. Ich fand nur eine Flasche mit Benzin, das ich mir in die Haare goss, bis sie ganz nass waren. Dann wickelte ich meinen Kopf ganz fest in zwei alte Leinenhandtücher und knüpfte ein dickes Kopftuch darüber. Nun sitze ich hier, laufe herum, gucke aus dem Fenster, versuche Schularbeiten zu machen. Es geht schlecht, denn die Kopfhaut brennt. Hoffentlich überstehe ich diese Tortur besser als die Läuse. Ich muss ein paar Stunden durchhalten. Läuse, vor allem ihre Eier, sollen ja ein zähes Leben haben. Zum Glück bin ich allein. Die Dicke ist mit ihrem Hund aufs Land gefahren.

Bis drei Uhr nachts habe ich mit zusammengebissenen Zähnen gewartet, dann wärmte ich viel Wasser auf dem Gasherd und stellte Haarwaschmittel bereit. Die beiden Abwaschschüsseln des Küchentisches füllte ich mit handwarmem Wasser und löste dann die Tücher. Ich befürchtete, dass der ganze Skalp mitgehen würde, aber es war nur eine Rötung der Kopfhaut zu sehen. Ich steckte den Kopf in die erste Schüssel. Die Berührung mit dem lauen Wasser war angenehm. Ich wusch mir viermal die Haare und spülte zehnmal nach. Das Brennen war weg, aber der Benzingestank blieb. Der Kopf wurde kalt. Ich wusste nicht, wie ich das Haar zu dieser unmöglichen Nachtzeit trocken bekommen sollte. Ich wickelte den Kopf in ein dickes Frottiertuch und legte noch eine Decke darüber. Dann zog ich nach diesen Strapazen mein Frühstück vor und genehmigte mir zwei trockne Schnitten, die ich langsam kauend im Bett verzehrte

– was Mutti sonst nicht zuließ – und holte etwas von meinem Nachtschlaf nach. Auf dem Schulweg trockneten und lüfteten die Haare vollends, denn es war ein heißer Tag. Ich hoffe nur, dass die ganze Läusebrut kaputt ist. Noch einmal halte ich diese Prozedur nicht aus, und das Benzin ist alle.

In der Schule war es peinlich. Wer stinkt hier so nach Benzin, hieß es. Auch ich sah mich naserümpfend nach dem Stänker um. Es wurde kein Thema.

Tagebucheintragung vom 22. Juni 1945

Heute ist Jörgis vierter Geburtstag, und ich bin schon in Papenbruch. Ich habe die großen Ferien etwas früher anfangen lassen. Ich bin satt und froh. Oma füttert Mutti ordentlich heraus. Sie darf auch nicht viel arbeiten; nur ein bisschen nähen auf dem Hof in der warmen Sonne. Die Hoftür ist fest verrammelt. Die beiden Kühe bleiben im Stall, ebenso zwei Schafe, deren Wolle Oma abends zu Garn verspinnt. Ich kann es auch schon etwas, wenn der Faden auch noch zu dick und ungleichmäßig läuft. Über die Hühner ist ein großer Drahtkäfig gestülpt, der keinen Boden und nur einen kleinen Durchschlupf direkt in den Hühnerstall hat. Freier Auslauf auf Hof und Dorfstraße wäre lebensgefährlich für sie. Heute haben wir aus Versehen die Haustür nicht abgeschlossen, und schon stand ein Russe in der Küche. Er formte grinsend mit Daumen und Zeigefinger ein Oval. Oma füllte seine Mütze mit Eiern, und er ging sehr erfreut. Wir schlossen die Tür fest zu. Es zieht hier viel fremdes Volk durch: Fremdarbeiter, Flüchtlinge, Sträflinge, die nicht alle nur politische Häftlinge waren. Alle wollen leben. Es wird viel gestohlen, eingebrochen und geraubt. Oma hat schon vielen geholfen. Sie hat eine Flüchtlingsfamilie aus Schlesien und ein altes Ehepaar aus Berlin im Haus und jetzt noch uns.

Im Dorf hat sich mit Kriegsende viel verändert. Der Dorfvorsteher, der den größten Hof hatte und gleichzeitig Ortsbauernführer war, ist verhaftet worden. Einige von den Großbauern wurden ebenfalls abgeholt. Die Frau des Dorfvorstehers wohnt noch auf ihrem Hof, hat aber nichts mehr zu sagen und verrichtet Magddienste. Ein Berliner, angeblich alter Kommunist, hat sich dort festgesetzt. Er hat keine Ahnung von Landwirtschaft. Wenn er auf einem Leiterwagen heranrast und stehend mit der Peitsche auf die Gäule einschlägt, ruft Oma: „Da kümmt der Verrückte all wedder!"

Ich helfe bei der Getreideernte. Oma ist des Lobes voll. Sie meint, ich solle ganz hier bleiben und einen Bauern heiraten. Sie hat auch schon einen bestimmten im Sinn, der muss nur noch aus Russland zurückkommen. Ich würde es hier wirklich noch eine Weile aushalten, aber Mutti wird unruhig. Sie hat Angst um die Wohnung, ihre Arbeit, meinen und Frieders Schulbesuch. Vor allem zur Ausgabe der Lebensmittelkarten müssen wir in Berlin sein. Aber ich weiß doch genau, was auf uns wartet: Der Hunger und der Winter, vielleicht eine Nachricht von Papa. Opa hat versprochen, uns mit einem Bekannten, der öfter mit einem Lastwagen geschäftlich nach Papenbruch kommt, einen Sack Kartoffeln mitzuschicken. Das tröstet mich etwas. Der Mann ist übrigens der ehemalige Kuhstallbesitzer aus der Waldemarstraße.

Tagebucheintragungen ohne Datum

Die Rückreise war wieder fürchterlich. Opa brachte uns noch zur Bahn. Wir fuhren diesmal von Wittstock ab. Opa hatte unser Hamstergepäck auf dem Fahrrad und schob es neben uns her. Oma hatte ihn gewarnt. Sie hatte mal wieder recht. Vor dem Bahnhof nahm es ihm ein Russe weg. Opa war vielleicht wütend, vor allem, weil er jetzt die 5 km nach Hause laufen musste. Wir fuhren diesmal bis Neuruppin durch. Dort stand bereits ein Zug nach Neustadt. Frieder und ich fanden ein leeres Abteil erster Klasse. Beinahe hätten wir uns hingesetzt, sahen aber gerade noch rechtzeitig da, wo das Polster zerrissen herunterhing, dicke, schwarze Wülste von Wanzen oder Kleiderläusen.

Also darum saß hier keiner. Wir fanden in einem anderen Wagen auf Holzbänken noch zwei Sitzplätze. Der Zug war nicht überfüllt. Aber in Neustadt wurde es schlimm. Der Bahnhof war überfüllt. Es kam kein Zug. Wir warteten zwölf Stunden. Am schlimmsten war das Klo. Ich musste so nötig und wollte mich nicht hinter einen Busch setzen, weil überall so viele Leute waren. Mutti hat getobt: „Du schleppst uns noch eine Seuche an!" Mitten in der Nacht kam ein völlig überfüllter Zug. Ich weiß nicht, wie wir da hineingekommen sind.

In der Schule nichts Neues, nur dass wir jetzt so komische Lehrer haben. Manche sind vorher nie Lehrer gewesen. Unser Musiklehrer war früher Opernsänger. Er hat eine schöne Stimme. Er singt uns mehr vor als wir ihm.

Noch immer keine Nachricht von Papa. - HUNGER! – War das schön in Papenbruch!

Tagebucheintragungen undatiert

Sie müssen von Anfang September 1945 stammen. Die Handschrift ist unregelmäßig, die Buchstaben größer und schief, und zum Schluss fallen sie durcheinander.

Ein Arzt war eben hier. Mutti meint, es sei kein echter. Lungenentzündung, daher die großen Schmerzen beim Atmen. Ich soll aufstehen, damit sich die Lunge nicht so drückt. Ich habe überhaupt keinen Hunger. Das ist schön. Wenn ich nur nicht so oft husten müsste, was so weh tut. Vormittags ist das Fieber nicht so hoch. Ich bin ganz allein, denn Mutti ist einkaufen und hat Jörgi mit. Frieder ist in der Schule. Gestern Nachmittag musste ich aufstehen, weil es der Arzt gesagt hatte. Ich solle mich nicht so anstellen. Da ging einfach das Leben weg, und ich bin umgefallen. Die Beine knickten ein. Es zog alles aus mir heraus, das tat weh. Ich bin froh, dass ich wieder liegen darf. Das Fieber war 40,5°C, jetzt am Vormittag ist es bei 39,4°C.

Jetzt ist Frieder auch krank. Der Arzt sagt, er habe auch Lungenentzündung. Mutter fragte, ob es nicht Typhus sein könne, aber er streitet es ab. Aber Lungenentzündung steckt doch nicht an. Die Lunge tut mir schon weh, aber dem Frieder doch nicht. Der ist ganz still und rührt sich nicht, nur manchmal weint er vor sich hin. Frieder hat mit Jörg und Mutti die erste Typhusimpfung noch bekommen. Ich nicht, weil ich schon Fieber hatte. Vielleicht wird er dann nicht so sehr krank. Manchmal liegt der Russe mit der Frau auf der Erde und wälzt sich und stöhnt. Der alte Mann hat ihn mit dem Krückstock weggeschoben. Es regnet, mein Kopfkissen ist schon ganz nass. Er kommt zurück und schlägt mit der Peitsche an seine Stiefel. Sie schießen wieder! Ich kann nicht weglaufen. Vater, Vater, sie wollen mich lebendig begraben! Er sitzt im Bombentrichter und lacht. Nein, ich will nicht! Wenn das Pferd nur nicht so stinken würde...

Als Mutter frühmorgens von der Nachtschicht nach Hause kam, atmete ich mühsam und fantasierte schreiend. Frieder wimmerte leise vor sich hin, beide hatten wir fast 41,0°C Fieber. Jörg schlief ruhig. Mutter rannte zum Arzt. Er kam und schrieb zwei Einweisungen für das Urbankrankenhaus –Diagnose: Lungenentzündung. Es kamen zwei Krankenträger in dunklen Kappen und Kitteln. Sie schoben zwei schwarze, schmale, längliche, zweirädrige Wachstuchkarren mit Verdeck in den Hausflur. Die Männer trugen ihre leichte Last die Treppe hinunter. Die Hausbewohner hörten mich schreien: „Ich will da nicht rein! Ich bin noch nicht tot!" -. Wir holperten den weiten Weg zum Urbankrankenhaus, kamen aber nicht hinein. Eine energische Frau im weißen Arztkittel nahm uns in Augenschein: „Was soll das denn? Die Lungen des Mädchens sind angegriffen, aber vor allem hat sie schweren Typhus, der Junge ebenfalls, wenn auch nicht ganz so schlimm. Ab in die Bergmannstraße!" – Na also, Mutter hatte es ja gleich gesagt. Als der Typhus sich in der Stadt ausbreitete, war dort in einer Schule ein Seuchenlazarett als Nebenstelle des Urbankrankenhauses eingerichtet worden. Wir holperten weiter in dem schwarzen ungepolsterten Karren.

Im Krankenhaus ging alles ganz schnell. Ich wurde von Frieder getrennt. In einem Raum, in dem mehrere Pritschen standen, wurde ich gleich neben der Tür auf einer Matratze gebettet, die auf der Erde lag. Dann weiß ich nicht mehr viel. Zum Nachmittag hin stieg das Fieber immer sehr an. Ich muss wohl zeitweise bewusstlos gewesen sein und sonst völlig teilnahmslos vor mich hingedämmert haben. Tage später nahm ich Frauenstimmen wahr. Ich versuchte, mich aufzurichten, stützte mich auf einen Ellenbogen und sah zum ersten Male in die Gesichter mehrerer Frauen, die mit mir das Zimmer teilten. Eine rief: „Jetzt ist sie wach! Hallo, Kleine!" Dann erzählten sie alle durcheinander, dass ich sie keine Nacht hätte schlafen lassen, sondern lauthals fantasiert hätte. Ich hätte immer schreiend gebettelt und gewimmert, dass man mich doch nicht lebendig begraben solle. Außerdem hätte ich dem gutmütigen Pfleger soviel Arbeit gemacht. Dauernd habe er mein Bettzeug wechseln müssen. Er habe gesagt, wenn ich heute aufwachen würde, hätte ich es überstanden. Ich schämte mich und sagte gar nichts. Ich tastete mein Laken ab und merkte, dass ich auf einer Gummimatte lag.

Der nette Pfleger kam und begrüßte mich nach dem Fiebermessen als Wiederauferstandene und stellte einen Nachttopf neben meine Matratze. Als er weg war, versuchte ich, den Topf zu benutzen. Es gelang, aber dann überkam mich ein derartiges Schwindelgefühl, so dass ich umfiel und nicht wieder hochkam. Eine der Frauen rief den Pfleger, der ihre vorwurfsvollen Worte abbremste, mich tröstete und den Schaden beseitigte. Meine sprachlose Scham und mein Entsetzen über die hilflose Schwäche meines Körpers erregten wohl sein Mitleid. Als ich wieder trocken und sauber unter der Wolldecke lag, die in einem blau-weiß-großkarierten Bezug steckte, und der Pfleger bereits den Türdrücker in der Hand hatte, um den Raum zu verlassen, rief ich so laut ich konnte: „Wo ist Frieder?" – Er drehte sich erstaunt um: „Wen meinst du?" Ich erschrak furchtbar. Er kannte Frieder nicht. Ich sagte leise: „Ich meine meinen kleinen Bruder, der mit mir zusammen eingeliefert wurde. Er ist zehn Jahre alt." – „Beruhige dich! Ich frage auf der Männerstation nach und sage dir

Bescheid." Dann wies er auf den sauberen Nachtopf: „Und wenn du wieder mal musst, rufe mich, bevor du wieder Karussell fährst und aus den Latschen kippst." Lachend verschwand er. Eine der Frauen, die im Bademantel auf ihrem Bettrand saß, rief schwärmerisch: „Ist er nicht ein Schatz, unser Paul! Geduldig wie ein Mottenscheißer und fröhlich wie ein Zaunkönig! Watt hat die Kleene für'n Glück!" – „Paul heißt er? Wie mein Papa, und der ist noch vermisst", sprach ich in den Raum hinein. Die Antwort kam prompt: „Ooch dett noch! Armet Ding!"

Erschöpft schloss ich die Augen. Es war mir, als müsste ich meinen Körper und mich selbst erst wieder in Besitz nehmen. Ich begann mich abzutasten: Die Rippen stachen hervor, der Bauch war total eingesunken. Keine Waden mehr, meine Beine waren wie Stöcke; kein Wunder, dass sie mich nicht mehr tragen wollten. Mein Kopfkissen war voller Haare. Meine Haare? Ach ja, die gingen ja jetzt alle aus, durch das hohe Fieber, das ich so lange gehabt hatte. Hoffentlich wachsen sie nach! Mein Magen, der sicher eingeschrumpft war, meldete sich energisch, als sich das Geklapper von Blech auf Blech der Tür näherte. Mit Heißhunger aß ich die dünne, warme Nudelsuppe und sparte die beiden trockenen Brotscheiben für später auf, indem ich sie neben mir im Bett unter meiner Zudecke versteckte. Ich wusste ja noch nicht, wann es wieder etwas geben würde.

Irgendwann am Nachmittag holte mich eine leise Stimme aus dem Halbschlaf, die in mein Ohr flüsterte: „Komm, Kleene, wir verreisen!" Paul hob mich hoch, wickelte mich in eine Decke, trug mich aus dem Zimmer und setzte mich in einen klapprigen Rollstuhl. Damit fuhr er mich einen langen Flur entlang, von dem rechts und links Türen abgingen. Ziemlich am Ende des Ganges öffnete er eine von ihnen und schob den Rollstuhl hinein. Zuerst sah ich einen alten Mann, hohlwangig, in einem Metallbett sitzen und vor sich hin mümmelnd. In zwei weiteren Betten waren nur kurzgeschorene Köpfe zu sehen, die beinahe ganz unter der Zudecke verschwanden. „Guck' nach rechts hinter die Tür", rief mein Freund Paul mir zu. Ja, da lag er, mein kleiner Bruder! Sein Gesicht verzog sich. Er streckte einen Arm aus, aber nicht mir entgegen, sondern er deutete auf den alten Mann. Laut schluchzend rief er: „Der nimmt mir immer meine Stullen weg!" Ich war sofort wieder in meiner Beschützerrolle als ältere Schwester. Aber ich hatte einen Verbündeten. Paul schob mich dicht an das Bett meines Bruders heran, so dass der sich an meinen Händen festklammern konnte. „Nun quatscht mal ein bisschen! Ich hole dich nachher wieder ab." Dann verschwand er. Mein Bruder heulte die ganze angstvolle Verlassenheit der vergangenen Tage aus sich heraus. Ich wurde immer wütender, drehte mich zum Bett des alten Mannes um und rief: „Schämen Sie sich nicht, einem kleinen Jungen das Essen zu stehlen?" – Er schaute mich listig zwinkernd an: „Soon Kleener braucht nich ville. Hunger tut weh!" – „Ja, ihm ooch", schrie ich, erbost über so viel grausamer Verschlagenheit. „Na, als er dett hohe Fieber hatte, wollt' er nisch essen, und jetzt beschwert er sich", verteidigte sich der Alte. Diese herzlose Dummheit machte mich sprachlos. Ich drehte ihm verachtend den Rücken zu und wandte mich wieder an Frieder. Dem ging es viel besser. Er strahlte mich an: „Der hat sein Fett weg, wa?" Wir wurden ganz zuversichtlich. Einen Freund hatten wir hier. Paul würde schon helfen. Und das tat er. Am nächsten Tag erzählte mir Frieder, dass die Krankenschwester bei der Essenausgabe gesagt habe, er solle gut auf seine Portion aufpassen. Sie habe ihm das Blechnapf besonders vollgefüllt und ihm eine Stulle mehr zugesteckt.

Inzwischen versuchte ich im wahrsten Sinne des Wortes wieder auf die Beine zu kommen. Sie trugen mich nur widerwillig, ich knickte dauernd ein, aber das Schwindelgefühl verschwand allmählich. Dann kam Paul mit einer Hiobsbotschaft: „Ich glaube, deine Mutter ist eingeliefert worden. Derselbe Nachname, dieselbe Adresse. Sie ist bewusstlos. Sie liegt links, zwei Türen weiter. Komm' mit, wir gucken mal!" – Tief erschrocken rief ich: „Und wo ist mein kleiner Bruder?" – „Auf der Männerstation, das weißt du doch!" – „Nein, ich meine meinen ganz kleinen, den Jörgi." – „Wie viele seid ihr denn?" – „Das sind alle, nur unser Papa ist noch vermisst."

Paul packte mich fest beim Arm und führte mich zu Mutti. So klein und mager lag sie mit geschlossenen Augen im Bett. Ich fasste ihre Hand. Sie war heiß. Ich guckte fragend auf Paul. Er sagte beruhigend: „Sie ist schwach und ausgemergelt, aber der Typhus hat sie nicht so schlimm im Griff. Sie hat ja die Impfungen bekommen. Das Fieber ist eher eine Reaktion darauf. Willst du ein bisschen hierbleiben? Ich hole dich später ab." Ich saß an ihrem Bett und hielt ihre Hand fest in der meinen. Irgendwann muss sie es bemerkt haben. Sie öffnete die Augen und lächelte mich wie entschuldigend an. „Wo ist Jörgi?", fragte ich. – „Bei der Dicken in unserer Wohnung", flüsterte sie traurig. – „Frieder geht es schon ganz gut", tröstete ich sie, als ihr Blick unruhig hin und her wanderte. Sie atmete auf und schloss die Augen. Ich drückte ihre Hand und versprach ihr, gleich zu ihm zu gehen und ihm von ihr zu erzählen.

Frieder saß auf dem Bettrand und ließ die dünnen Beine baumeln. „Ich darf aufstehen", rief er mir freudestrahlend entgegen. Als er sich hinstellen wollte, knickte er ein und fiel auf den Boden. Erschrocken sah er mich an: „Ich kann nicht mehr laufen!" Er schrie es fast. Ich zog ihn hoch und hielt ihn fest: „Mir ging es auch so. Das kommt von dem langen Liegen. Wir müssen üben." Ich half ihm wieder ins Bett und rückte dann mit meiner Neuigkeit heraus: „Mutti ist hier! Wir besuchen sie, wenn ich den Rollstuhl bekomme." – Er sah mich mit großen Augen an: „Ist sie auch krank?" Ich nickte nur und ging aus dem Zimmer, weil ich weinen musste.

Auf dem halbdunklen Flur heulte ich noch ein bisschen, dann dachte ich nur noch an den Rollstuhl. Ich schaute in jeden Winkel, spähte durch jede nur angelehnte Tür und fand das klapprige Gefährt ganz am Ende des langen Ganges in einem Kabuff zwischen Besen und Schrubbern. Kein Mensch weit und breit! Ich zog an dem Ding. Ein Eimer fiel scheppernd um, aber der Rollstuhl war draußen. Ich schloss die Tür des Abstellraumes, und schon war ich langsam, wie selbstverständlich auf dem Rückweg. Ich half Frieder in den Stuhl hinein. Aufgeregt und glücklich über die gelungene Eigenmächtigkeit kamen wir bei Mutti an. Ich schob den Stuhl dicht an ihr Bett.

Als Frieder laut ‚Mama!' rief, öffnete sie die Augen und streckte ihm die Arme entgegen. Er krabbelte zu ihr ins Bett und hielt sich an ihr fest.

Von uns unbemerkt hatte sich die Zimmertür geöffnet. Eine tiefe Stimme ließ sich vernehmen: „Was haben wir denn hier?" – Visite. Die Ärztin, die ich schon kannte, erklärte ihrem Chef: „Das ist Familie Borchert. Die Mutter zeigt nur schwache Typhussymptome, ist aber völlig entkräftet. Die Kinder sind auf dem Wege der Besserung, eigentlich schon gesund." – „Dann entlassen wir sie doch." – Die Ärztin wandte ein: „Das Mädchen kommt vielleicht alleine zurecht, aber der Junge müsste bei der Mutter bleiben. Der Vater ist vermisst." – „Hm! Nun gut." Der weiße Kittel wandte sich an mich: „Du gehst morgen nach Hause." Ich war sprachlos.

Am nächsten Morgen um 9 Uhr stand ich mit meinem Entlassungsschein vor dem Krankenhaus. Langsam, auf wackligen Beinen, ging ich die Bergmannstraße hinunter in Richtung Hallesches Tor. Einmal wäre ich beinahe unter eines der wenigen Autos gekommen, die damals in Berlin herumfuhren, weil mir mitten auf der Fahrbahn die Beine einknickten, als ich etwas schneller gehen wollte. Pfleger Paul hatte mir eingeschärft, mich sofort bei der Kartenstelle in der Kottbusser Straße zurückzumelden und meine Lebensmittelkarte abzuholen und erst dann nach Hause zu gehen.

Das Gedränge in der Kartenstelle war groß. Ich hatte keine Kraft mehr. Ein Mann mit einer weißen Armbinde, der für Ordnung sorgen sollte, fing mich auf, als ich umsank, und sorgte dafür, dass ich schnell abgefertigt wurde.

„Steck' die Marken jut weg", riet er mir, „die klauen hier wie die Raben." Auf der Straße setzte ich mich erst einmal in den Rinnstein und sammelte neue Kräfte für die nächste Etappe. Knapp die Hälfte des Weges lag noch vor mir. Als ich zu Hause den Schlüssel ins Schloss steckte, wurde die Tür von innen aufgerissen. Die Dicke stand da und schien nicht sehr erfreut zu sein. Purzel bellte wütend. Auf dem Küchenherd kochten Kartoffeln in einem größeren Topf. In der Ecke stand ein Kartoffelsack. Jörg rannte auf mich zu und zeigte darauf: „Von Opa aus Papenbruch!" – „Der ist ja schon halb leer", rief ich. Die Dicke fuhr auf: „Dein Bruder musste ja schließlich essen. Sei dankbar, dass ich für ihn gesorgt habe." Wütend öffnete ich die Tür zum Schlafzimmer meiner Eltern und zog den Sack hinter mir her, schloss die Tür ab und steckte den Schlüssel in die Tasche. „Unverschämte Göre!", schrie die Dicke, „ich wusste ja, dass ich keinen Dank ernten würde. Komm, Purzel!" Damit rauschte sie in ihr Zimmer und warf die Tür hinter sich zu. Jörgi hatte sich hinter meinem Rücken verkrochen. Jetzt wurde er ganz munter und brachte wütend seine Beschwerden vor: „Ich musste immer ganz stillsitzen. Wenn ich nicht artig bin, beißt mich der Hund. Das hat sie gesagt. Sie hat mich auch draußen nicht spielen lassen, weil ich dann schmutzig werde. Immerzu hat sie mich gewaschen und mir den ollen Kratzpullover angezogen. Sie hat ganz viel Kartoffeln gegessen und sich Eier dazu gemacht. Ich habe nur Salz gekriegt." Er schaute mich Mitleid heischend an. Ich glaubte ihm jedes Wort, drückte ihn an mich und streichelte ihn, bis er ganz ruhig wurde. Unser Brennholzvorrat, den ich vor dem Zugriff der Dicken im Schlafzimmer in Sicherheit gebracht hatte, war fast aufgebraucht, weil Mutti die Tür offenlassen musste, als sie ins Krankenhaus ging, denn Jörgis Bett steht darin. Damit war jetzt Schluss! Zum Glück konnte die Dicke nicht an den Kleiderschrank. Er war noch fest verschlossen. Sonst hätte sie Muttis letzte Reserven, so armselig sie waren, auch noch aufgebraucht. Die Dicke hatte es sich so richtig gut gehen lassen. Sie war immer noch dick. Und wir, und Mutti? Wir waren Haut und Knochen. Inzwischen waren die Pellkartoffeln fertig und wir beide verspeisten sie mit Salz und großem Appetit.

Bald war ich wieder im alten Trott. Jeden Tag wurde ich etwas kräftiger. Auf dem Kopf hatte ich nur noch ein Stoppelfeld, aber im Kopf eine gute Idee: Ich dachte an Frieders großen Hunger und Muttis Schwäche, und begann rohe Kartoffeln zu reiben, gab etwas Mehl und eine Prise Salz hinzu und briet fast ohne Fett Kartoffelpuffer aus dem Brei. Diese schichtete ich in einen Topf, den ich in eine Decke hüllte. Dann holte ich Jörgis Kinderwagen aus dem Keller und stellte den Topf hinein. Jörgi tanzte aufgeregt um mich herum, als ich ihm erzählte, dass wir Mutti besuchen werden. Wir zogen los. Mal half Jörg schieben, mal setzte er sich in den Wagen und hielt den Topf fest. Die Sonne schien auf das bunte Herbstlaub der Straßenbäume.

Der Weg schien heute viel kürzer zu sein. Wir näherten uns dem Nebeneingang des Krankenhauses. Er war unbewacht und führte direkt auf den ehemaligen Schulhof. Dort parkten wir den Kinderwagen und gelangten über die Nebentreppe in das gesuchte Stockwerk, das wir am Ende des Ganges betraten, gleich neben dem Kabuff mit den Reinigungsmitteln. Es war die Zeit der Mittagsruhe. Wir trafen keine Menschenseele und schlichen zu Frieders Zimmer. Sein Bett war leer. Der alte Mann schnarchte so laut, dass Jörg ängstlich nach meiner Hand fasste. Wir eilten weiter zur Frauenstation. Vorsichtig öffnete ich die Tür und guckte durch den Spalt. Mutti saß halb aufrecht im Bett, von Kissen gestützt. Frieder hockte vor ihr und sah sich ein Bilderbuch an. Die übrigen Betten waren leer. Ich hatte gehört, dass die Typhusepidemie in Berlin überstanden sei. Es schien zu stimmen. Jörg zog energisch an meiner Jacke: „Lass' mich auch mal!" Ich gab den Weg frei. „Mama", schrie er und rannte auf ihr Bett zu. „Wo kommt ihr denn her?", rief Frieder. Mutter war sprachlos. Ich packte die Kartoffelpuffer aus. Heißhungrig, aber ganz langsam und genussvoll kauend machten sich die beiden darüber her, während ich alles erzählte, was ich seit meiner Entlassung erlebt hatte. Jörg half mir. Die Dicke kam nicht so gut dabei weg, so dass Mutti uns abbremste: „Sie hat doch auf ihre Art für Jörg gesorgt. Wir müssen ihr dankbar sein. Und wir müssen mit ihr auskommen." Ungesehen verließen wir das Krankenhaus, obwohl Jörg ziemlich laut gegen unseren Abmarsch protestierte.

Noch zweimal wiederholte ich erfolgreich diese Hilfsaktion, bis Mutti und Frieder entlassen wurden. Morgens um neun Uhr holten Jörg und ich sie mit dem Kinderwagen ab. Sie hätte sich hineinsetzen können, wenn sie schlappgemacht hätte. Sie war noch für vierzehn Tage krankgeschrieben. In der Kartenstelle wurde sie gleich vorgelassen. Sie war so klapprig, dass der resolute Ordner großes Mitleid mit ihr und ihren Kindern hatte. Zuhause half ich ihr ins Bett. Sie schlief mit einer kurzen Unterbrechung bis zum nächsten Vormittag.

Frieder erzählte, dass er es im Krankenhaus zuletzt ganz gutgehabt habe. Als er das Zimmer allein verlassen konnte, habe er sich überall umgesehen und in der Küche und bei der Essensverteilung manchen zusätzlichen Brocken eingesammelt. Er habe auch Mutti davon abgegeben. Er ist eben unwiderstehlich, mein kleiner Bruder. Nun ging er auf die Straße, seine Freunde zu suchen. Er war voller Tatendrang.

Mit ihrer stillen Zähigkeit und Härte gegen sich selbst war Mutti wieder auf die Beine gekommen. Sie besänftigte auch die Dicke, bedankte sich bei ihr dafür, dass sie die Wohnung und den Kleinen so gut gehütet habe. Die Beschwerden über mich nahm sie kopfschüttelnd, aber wortlos entgegen, was ich zwar sehr diplomatisch fand, aber ein bisschen hätte sie mich schon verteidigen können.

Der Oktober war zu Ende. Mutti ging schon längst wieder in die Fabrik, um Topfdichter zu stanzen, mit denen man löchrige, alte Kochtöpfe abdichten konnte, weil es noch keine neuen gab. Ich hatte die Schule aufgegeben. Durch meine lange Krankheit hatte ich den Anschluss sowieso verloren. Beim Arbeitsamt hatte ich mich für eine Lehrstelle registrieren lassen, aber noch keinen Bescheid bekommen. Inzwischen machte ich den Haushalt und hütete meine Brüder. Frieder hatte es in der Schule sehr schwer. Wenn er aufgeregt war, brachte er keinen Ton heraus. Auch Jörgs Schielen hatte sich verstärkt. Der Kartoffelsack aus Papenbruch war leer. Wir empfanden den Hunger ärger denn je. Nach der auszehrenden Krankheit hatten wir gar keine Kraftreserven mehr.

Es war der Vormittag des 15. Novembers. Es war kalt in der Küche. Ich machte gerade Feuer in der Kochmaschine, als es klingelte. Der Briefträger gab mir ein Päckchen. Es war in braunes Packpapier gewickelt und sah aus wie eine dicke, kurze Wurst. Es wog ungefähr ein Pfund. Die Adresse stimmte. Der Absender fehlte. Ich öffnete es gespannt: Eine bräunliche, körnige, klebrige Masse kam zum Vorschein, die stark nach Sirup roch. So schmeckte sie auch, leicht bittersüß. Jörgi und ich steckten ein paarmal unsere angefeuchteten Zeigefinger hinein und leckten sie genüsslich ab. Dann warteten wir auf Mutti. Sie konnte sich diesen süßen Segen nur damit erklären, dass Opa oder Papa damit zu tun hätten. Inzwischen streuten wir uns den braunen Zucker dick aufs trockene Brot. Was übrig war, schloss sie in den Kleiderschrank ein, um niemanden zum Naschen zu verführen. Am nächsten Tag kam ein zweites, am übernächsten Tag ein drittes Päckchen an. Dieses kam gleichzeitig mit einer Karte vom Roten Kreuz. Wir erfuhren, dass Papa in englischer Gefangenschaft irgendwo in Niedersachsen saß und in einer Zuckerfabrik arbeitete. Die süße, braune Herrlichkeit war wohl ein Zwischenprodukt oder Ausschuss, der bei der Zuckerrübenverarbeitung abfiel. Jedenfalls kam sie zur rechten Zeit und bewahrte uns zwar nicht vor dem Hunger, aber entscheidend vor dem Verhungern.

Wir schrieben regelmäßig an Papa und er sorgte für uns, so gut er konnte. Mutti putzte uns heraus, und wir gingen zum Fotografen. Das Bild zeigt eine extrem abgemagerte junge Frau, die einen ebensolchen kleinen Jungen auf dem Schoß hält, dessen Augen tief in dunklen Höhlen liegen. Frieder und ich sehen dagegen ganz normal aus. Auffällig ist vielleicht nur meine etwas zipflige Kurzfrisur.

Weihnachten stand vor der Tür. Kein Weihnachtsbaum, keine Geschenke?

Eine Arbeitskollegin von Mutti hatte einen kleinen künstlichen Tannenbaum. Den wollte sie uns borgen, wenn wir ganz früh, so um 15 Uhr Bescherung machen würden. Um 18 Uhr wollte sie ihn zurückhaben für ihre eigene Feier. Da sie in der Nachbarschaft wohnte, müsste es sich so einrichten lassen. Am Heiligen Abend musste ich schon am Vormittag mit den Jungen in der Küche bleiben. Mutti hatte ausnahmsweise den Wohnzimmerofen geheizt, aber wir durften nicht ins Zimmer. Gegen 13 Uhr verschwand sie aus der Wohnung. Etwa eine halbe Stunde später raschelte es auf dem Flur. Mutti rief: „Bleibt in der Küche, bis ich euch rufe!" Dann schloss sie sich im Wohnzimmer ein.

Uns wurde die Zeit lang. Wir sangen alle Weihnachtslieder, die wir kannten. Frieder wollte das in der Schule gelernte Gedicht hersagen, bekam aber kein Wort heraus. Ich merkte, wie er sich abquälte. Leichthin sagte ich: „Du brauchst doch kein Gedicht aufzusagen. Singe doch einfach dein liebstes Weihnachtslied." Er begann: „Ihr Kinderlein kommet..." Es ging reibungslos. Er beruhigte sich. Jörg murmelte immerzu die Verse vor sich hin, die ich mit ihm eingeübt hatte:

„Draußen weht es bitterkalt.
Wer kommt da durch den Winterwald?
Stipp, stapp, stipp, stapp und huckepack!
Knecht Ruprecht ist's mit seinem Sack.
Was ist denn in dem Sacke drin?
Äpfel, Mandeln und Rosinen,
auch schöne Zuckerrosen fürs gute Kind.
Die andern, die nicht artig sind,
die klopft er auf die Hosen."

Draußen begann es zu schneien. Mutter läutete mit unserem alten Weihnachtsglöckchen, das im Bettkasten unserer Chaiselongue den Krieg überstanden hatte, und öffnete die Tür. Auf dem Wohnzimmertisch stand ein kleiner Weihnachtsbaum aus grünem Flitterpapier, an dem sechs echte Kerzen befestigt waren. Lametta funkelte silbern. Vier unserer leichtesten, gläsernen Weihnachtskugeln hatten Platz an seinen dürftigen Zweigen gefunden. Das Zimmer war wie verzaubert. Unter dem Bäumchen standen vier bunte Pappteller mit selbstgebackenen Keksen. Wie und wann hatte Mutti das alles geschafft?

Jörg sagte sein Gedicht auf. Ich las die Weihnachtsgeschichte aus dem Lucasevangelium vor und Frieder sang ohne zu stocken sein Lieblingslied von den Kindern, die im Stall von Bethlehem das Christkind bestaunen. Es ging ihm so flott von der Zunge, dass er direkt übermütig wurde und schon wieder anfing, Faxen zu machen. Dann knabberten wir Kekse. Die Jungen spielten einträchtig mit dem neuen Holzbaukasten und holten ihre alten Bausteine dazu. Dazwischen verteilten sie ihre Pappmaschee-Soldaten, die die Uniformen der Deutschen Wehmacht trugen, die es gar nicht mehr gab. Was spielten sie gewohnheitsmäßig? Krieg.

Als die Kerzen heruntergebrannt waren, nahm Mutter den Baum vom Tisch und legte ein paar echte Tannenzweige an seine Stelle. Sie gab mir den Auftrag, diese mit etwas Lametta und Hindenburglichtern zu schmücken. Dann zog sie sich den Mantel an, schnappte sich das Bäumchen und wollte zur Tür hinaus. Die Jungen erhoben Einspruch. Sie erklärte ihnen, dass andere Kinder auch noch Bescherung haben sollten und verschwand.

Als sie wiederkam, kokelten wir ganz zufrieden mit den Tannenzweigen an den Teelichtern herum. Die ganze Wohnung duftete nach Tannennadeln. Die Dicke war bei einem Freund. Übrigens suchte sie eifrig nach einer neuen Bleibe. Wir waren ihr zu laut. Wir hatten ihr auch erzählt, dass unser Papa bald nach Hause käme.

Am Sylvesterabend machten wir einen Spaziergang durch die stillen Straßen und sahen überall an den Fenstern die kleinen Lichter, die den vielen Söhnen und Vätern, die der Krieg noch in seinen Klauen hielt, den Weg nach Hause zeigen sollten. Den Rest dieses furchtbaren Jahres verschliefen wir. Es klang ruhig aus und wir hofften, dass das neue viel besser werden würde.